수천만원 아끼는
PT샵&헬스장 창업 방법

수천만원 아끼는 PT샵&헬스장 창업 방법

초판 1쇄 발행 2023년 10월 20일

지은이 고려쉬(정진우)
펴낸이 장현수
펴낸곳 메이킹북스
출판등록 제 2019-000010호

디자인 최미영
편집 최미영
교정 안지은
마케팅 김소형

주소 서울특별시 구로구 경인로 661, 핀포인트타워 912-914호
전화 02-2135-5086
팩스 02-2135-5087
이메일 makingbooks@naver.com
홈페이지 www.makingbooks.co.kr

ISBN 979-11-6791-434-7(03320)
값 29,900원

ⓒ 고려쉬(정진우) 2023 Printed in Korea

잘못된 책은 구입하신 곳에서 바꾸어 드립니다.
이 책의 전부 또는 일부 내용을 재사용하려면 사전에 저작권자와 펴낸곳의 동의를 받아야 합니다.

메이킹북스는 저자님의 소중한 투고 원고를 기다립니다.
출간에 대한 관심이 있으신 분은 makingbooks@naver.com으로 보내 주세요.

수천만원 아끼는
PT샵&헬스장 창업 방법

4천만원 창업부터 5억 창업을 성공시킨 대표가 전해주는
몇천만원 아낄 수 있는 헬스장/PT샵 창업 A to Z

고려쉬(정진우) 지음

메이킹북스

폐업률 1등인 이 업계에서 살아남을 수 있는 성공 바이블

트레이너를 시작으로 4년만에 PT샵 인수, 헬스장 창업,
헬스장 인수를 모두 경험한 대표가 말해주는 창업 성공 프로세스

본론으로 들어가기 앞서…

정진우(고러쉬)
'내일 죽는다면 삶의 대부분은 그리 큰일이 아니다'

- 중앙대 체육교육학과 우수졸업생(학점 4.11/4.5)
- 생활체육지도자 자격증 3급 보디빌딩
- 한국인재교육원 RTS(재활운동전문가) 1.2 취득
- 코치아카데미 스포츠영양학 수료
- NASM-CPT(개인퍼스널트레이닝) 취득
- NASM-CES(교정운동전문가) 취득
- CFSC LEVEL 1(기능성트레이닝 전문가과정) 취득
- 바디메카닉 CRS(컨디셔닝케어전문가) 취득
- 대한피트니스지도자협회 소속
- 2017 & 2018 피지크, 머슬모델 다수대회 1등 & 그랑프리 경력
- 유튜브 구독자 18만 채널 운영
- 온라인 PT 약 200명 티칭
- 전 고러쉬짐/ 센트럴짐 대표, (현)더베러핏 대표

    이 책은 현재 헬스장 & PT샵을 오픈하려는 창업자들이 읽으면 머릿속으로 스스로 그림을 그릴 수 있도록 상세하게 썼다. 필자 또한 PT샵을 인수한 경험도 있고 헬스장을 새로 창업한 경우도 있는데 막상 한 사이클 돌린 지금은 "생각보다 어렵지 않네?"라는 생각이 든다.

    처음 필자가 PT샵을 창업이 아닌 기존 샵을 인수하게 된 것도 혼자 창업을 할 수 있을까? 라는 두려움 때문이었고, 두번째 헬스장을 오픈 준비하는 내내 걱정되고 고민을 했었던 이유도 정확한 메커니즘이 머릿속에 없었기 때문이다. 어느 방향으로 가야 올바른 길로 가는 건지 전혀 확신이 없는 상태에서 출항한 배와 같은 느낌으로 생각하면 좋을 것 같다.

    다행히도 필자는 주변에 헬스장과 PT샵을 창업하고 운영을 잘하고 계신 대표님들이 계셔서 일일이 찾아뵙고 조언을 얻고 그러한 정보를 바탕으로 차곡차곡 헤쳐나갔으니 큰 탈 없이 지금 이 책을 쓰고 있는 것이다.

하지만 아마 지금 이 책을 구매하거나 읽고 있는 예비 대표님들은 그런 도움을 요청할 사람이 딱히 없는 상태이거나 그런 부분을 요청하기가 어렵기 때문에 이 책을 구매했을 거라 생각한다. 그래서 이 책은 조금이나마 예비 창업자인 여러분들에게 이러한 방식으로 헬스장& PT샵이 창업이 되는구나, 라는 부분을 알려주기 위해 쓰였다.

이 책의 조언을 나침반 삼아 1~2달 정도의 오픈 과정을 겪은 이후에는 본인이 얼마나 간절하느냐에 따라, 얼마나 분석력이 좋은지에 따라 자리를 잡아 가는 데 쓰이는 시간에 굉장히 큰 차이가 있을 거라 생각한다.

또한 창업을 하는 데에 있어서는 최대한 많은 정보를 얻는게 좋으니 주변에 묻거나 이와 비슷한 서적, 전자책 등을 구매하는 것도 추천한다.

모른다고 그냥 가만히 흘러가는 대로 사는 사람보다 어떻게든 배우려고 하고 제대로 된 정보든 아니든 많이 접해보는 용기가 결국 사업의 성패를 가르리라 생각한다. 스스로의 간절함을 늘 스스로 상기시키면서, 지금 이 책을 읽는 예비 창업자 여러분들은 성공적으로 창업을 하기를 바라며, 이제 본론으로 들어가보도록 하겠다.

목차

본론으로 들어가기 앞서… 4

0. 필자의 스토리 PT샵 인수 / 헬스장 창업 / 헬스장 인수까지 7

1. 창업 마인드셋 18

2. 상가 알아보기 & 인테리어 업체 컨택 22

3. 임대차계약 35

4. 인테리어 공사 기간 중에 해야 할 일 40

5. 인테리어 공사 후 해야 할 일 52

6. 세금 56

7. 운영하기 전에 알아두면 좋을 TIP 61

8. 이제부터 실전이다. 운영에 필요한 모든 것 67

　　- 세일즈
　　- CS
　　- 인력관리(채용)
　　- 마케팅
　　- 브랜딩

마무리하면서… 96

0. 필자의 스토리 PT샵 인수 / 헬스장 창업 / 헬스장 인수까지

필자는 중앙대학교 체육교육학과를 나와서 체육교사가 되고자 하는 꿈을 가지고 있었고, 그 꿈을 최단기간에 이루기 위해 군대도 ROTC 장교로 복무를 했다. 장교로 복무를 하면 일과시간 이후에 자기만의 자기계발 시간이 주어지는 걸로 알고 있었고 그렇게 2년 4개월 동안 열심히 노력하면 전역하고 임용고시에 바로 응시할 수 있을 거라 판단했기 때문이다.

그렇게 ROTC 장교 생활 1년이 지나고 2년차 때쯤 본격적으로 사회에 나가서 무엇을 할지 생각하게 되었다.

그러다 문득 든 생각이 현재 하고 있는 장교 생활이 내가 꿈꿔왔던 교사의 생활과 비슷할 것이라는 생각이 들었다. 내가 군생활을 하면서 계속 했던 생각들이 이렇게는 돈을 아무리 많이 줘도 못하겠다라는 것이었는데, 교사의 생활도 장소/환경만 바뀌었지 사실은 똑같은 커리큘럼으로 내 의견보다는 정해진 틀에 따라야 한다는 걸 인지한 것이다. 이 부분을 인지한 순간부터 나의 미래는 새로운 국면을 맞이했다.

내가 바라는 미래를 살기 위해서 가장 먼저 생각을 한 건 내가 가장 흥미 있고 내가 가장 잘하는 것은 무엇일까?였다. 그때 당시 나는 스무 살부터 꾸준히 운동도 해왔고 주변에서 피트니스 시합을 나가보지 그러냐, 라는 말도 많이 들을 만큼 경쟁력 있는 몸을 가지고 있었기 때문에 자연스레 내가 트레이너가 되었을 때의 미래를 그려보게 되었다. 내가 2년 정도 국가의 봉급을 받고 느낀 점은 첫 번째, 누군가가 주는 월급으로는 우리나라에서 집 한 채 사기가 너무 힘들다는 것과 두 번째 누군가에게 내 가치를 측정받아서 돈을 받는 건 분명 괴리감이 생기는 시기가 온다는 것이었다. 그런 부분에서 트레이너라는 직업을 알아보니 내가 잘하는 만큼 더 많이 벌어 갈 수 있는 구조라는 점에서 굉장히 흥미로웠다.

그렇게 어느 정도 방향을 정하고 그 방향이 정말 나에게 맞는 것인가를 판단하기 위해서 전역을 3개월 남기고 나는 피트니스 대회 준비에 들어갔다. 이때 내가 했던 생각은 전역 후 1개월 안에 내가 피트니스 대회에 나가서 1등을 하거나 이름을 알릴 수 있다면 이 분야에서 나의 잠재적 가치는 충분하다는 객관적 증거이니 그 부분으로 판단하자는 것이었다. 그렇게 3개월 동안 대회 준비를 위해 아침 유산소, 업무시간 끝나면 운동 & 유산소, 주말에는 해부학 강의부터 여러 강의를 들으면서 내 꿈을 위한 준비를 시작했다.

군 시절 마지막 전역 두 달을 남겨놓고 다이어트를 시작했다.

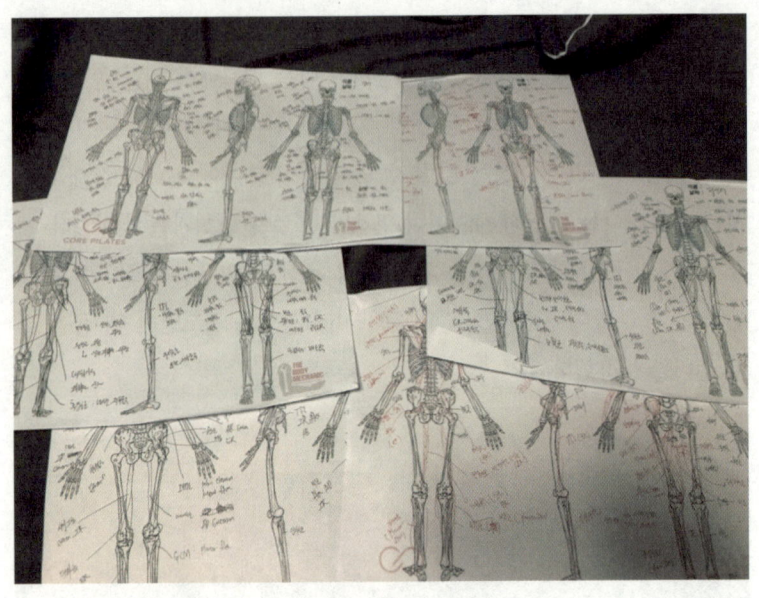

주말을 이용해 해부학 강의를 들으며 매일 공부한 흔적

그렇게 3개월이 지났고 전역 1주일을 남기고 휴가를 쓰고 나간 대회에서 정말 운이 좋게 1등을 했다. 그때부터 시작해서 5개 대회 모든 부문에서 우수한 성적을 거뒀다. 내가 처음의 목적을 피트니스 대회에서 우수한 성적을 이루는 것으로 설정한 이유는 센터에 소속되게 되면 센터에 50% 정도의 내 수업료의 가치를 나눠줘야 하는데 만약 내가 혼자 고객 모집을 할 수 있는 힘이 있는 사람이라면 그 모든 가치를 내가 쟁취할 수 있다고 생각했기 때문이다.

그러한 부분은 적중했고, 나는 프리랜서로 초반에 일하면서 수업료를 셰어하지 않고 100% 내가 받는 시스템을 만들었다. 이때에는 인스타도 한 역할을 했고 더 나아가 내 모교인 중앙대학교 헬스장을 무료 대관할 수 있는 것도 한 몫을 했다. 그렇게 3~6개월 정도 진행을 하면서 나는 이 시스템의 한계를 느꼈다. 아무래도 매번 내가 고객을 구해야 하는 부분에서의 한계. 그리고 겨울철 들어서 문의가 급격히 줄어든 점이었다. 이 때 나는 헬스장 시스템 안으로 들어가자 생각하게 되었고 그때부터 나의 첫 트레이너 생활이 시작된다. 기존에는 인스타로 모집을 하던 나였기에 크게 세일즈를 하지 않더라도 사람들이 쉽게 등록을 해줬는데 확실히 나를 모르는 일반인들에게 나의 가치를 설명하고 PT에 대한 세일즈를 하려고 하니 "내가 지금 영업하는 사람인가? 트레이너인가?"라는 생각이 들기 시작했다. 아마 트레이너를 시작하고 초반에 가장 많이 사람들이 자괴감을 느낄 때가 이 시기이지 않나 싶다.

　지금에서야 생각해보면 "너의 실력이 부족하기에 네가 세일즈하는 부분을 영업으로 생각한 거야!! 없는 말을 지어내고 자신 있게 말하지 못했으니까!!" 라고 말할 수 있지만 트레이닝에 한창 열정이 올라와 있고 근거 없는 자부심이 있을 때는 위처럼 '내가 영업사원인가?'라는 생각을 할 수밖에 없다. 다행히 나는 그 시기를 조금 더 공부를 하자는 마인드로 잘 이겨냈다. 트레이너로서는 1~2년이라는 기간 동안 세일즈에 큰 두각을 드러내면서 매출을 엄청 많이 찍어보진 못했지만 그래도 어느 순간 200여 개의 수업도 하고 아침 6시부터 밤 10시까지 한 번도 안 쉬고 수업을 해본 적도 있었다. 그렇게 하다 보니 한 6개월쯤 지났을까 인생의 낙이 없는 느낌이 갑자기 밀려오더니 내가 수업하는 기계인가? 라는 생각이 들었다. 지금이야 당연히 마인드셋이 되어 있기에 성공으로 가는 길에 미친 듯이 일해야 하는 시기가 있다라는 걸 알지만 그때 당시만 해도 '이렇게까지 열심히 해서 성공한다 한들 정말 행복한 건가?'라는 생각들이 머릿속을 마구 채우기 시작했다. 그렇게 다시 한번 나는 '사회에 지배

되지 않겠어!!'라는 생각과 함께 1억을 모으면 딱 그만두고 부동산 시장으로 들어가서 월세 받으면서 자유롭게 살자는 목표 하나를 가지고 1억을 모으기 위해 힘들어도 어떻게든 버텼다. 18~19년 당시만 해도 1억이면 투자할 곳도 굉장히 많았고, 많은 미디어에서 1억을 모으면 인생이 달라진다고 했기에 나는 1억을 모으는 것에만 정말로 엄청 많은 집중을 했다. 그렇게 트레이너로서 약 1년이 다 될 쯤에 ROTC에서 모은 돈과 트레이너로 일하면서 일한 돈을 합쳐 1억을 만들게 되었다. 그러면서 평일에는 트레이닝에 대한 여러 공부를, 주말에는 부동산 경매 강의를 들으면서 악착같이 살았다. 조금 더 자세히 설명하자면 이때 내가 했던 수익 창출 수단은 1) 헬스장 2) 세미나 3) 온라인 PT 4) 유튜브 광고 수익 5) 유튜브 PPL, 브랜디드콘텐츠 수익이었다.

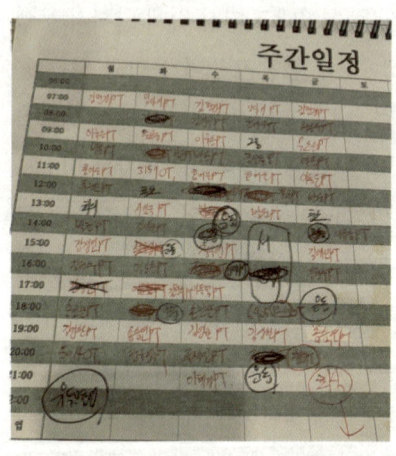

1) 수업 200개 이상 600
2) 온라인PT 관리 150
3) 유튜브 촬영 & 편집 100+α
   (광고수익)
4) 주말 세미나 (50~100)
5) 주말 올블랑핏 그룹수업 (50)
6) 주말 부동산 경매공부

실제로 트레이너 할 때 썼던 일정표와 옆에는 다각화된 수익화 모델 정리

이렇게 많은 것을 한 이유는 1년 안에 꼭 1억을 모으기 위해서는 단순 헬스장에서 나오는 수익만으로는 절대 모을 수 없다는 판단을 했기 때문

이다. 다행히도 유튜브도 그렇고 여러 가지 면에서 잘 풀려서 나는 목표를 달성한 것이다. 여러분들도 어떤 목표를 정했다면 시간의 기한까지 두는 것이 그 안에서 내가 할 수 있는 최대 퍼포먼스를 낼 수 있는 방향이라 생각한다. 아무튼, 그렇게 나는 1억을 모았다. 이제 트레이너를 그만두고 부동산 시장으로 가서 경매를 통한 최대 레버리지를 이용해서 월세 수익을 만들어야 했다. 트레이너를 그만두고 약 3~6개월 동안 이것저것 하면서 부동산을 3채 정도 취득하고 판매하고 부동산법인도 만들어보고 다 했는데 1억으로 내가 경제적 자유를 얻는다고 생각한 건 큰 착오였다. 그래서 여기에서 필자는 깊은 생각에 다시 빠지게 된다. 돈은 다시 모아야 하는데 트레이너로 다시 들어갈 것인가… 이 고민을 하게 된 이유는 트레이너를 하면서 사실 훌륭한 관리자를 만나면 너무 축복이겠지만 그때는 관리자에 대한 기억이 너무 안 좋아서 내가 직접 운영을 하는 게 더 스트레스도 없고 좋겠다, 라는 생각을 했던 시기였다.

그러던 중 스포드림이라는 매물 사이트에서 내가 근무했던 자대(일산) 근처에 PT샵이 굉장히 저렴한 권리금에 나온 걸 보게 되었다. 연락을 해서 무작정 찾아갔는데 생각보다 인테리어도 잘 되어 있었고 기구나 이런 부분도 브랜드는 없었지만 충분히 수업하는 데에는 큰 문제가 없다는 걸 알게 되었다. 다만, 겨울철이었기에 안이 엄청 추웠고(난방을 틀어도… 추웠다) 그동안의 매출 기록이 하나도 없었던 부분에서 찝찝한 부분이 있었다. 또한 선생님도 한 분밖에 없었고 일산에 사는 주변 사람들한테 물어봐도 거기에 PT샵이 있었냐고 물을 정도로 사람들에게 알려지지 않았던 곳이었다. 지금의 필자라면 아마 인수를 안 했을 것이다. 하지만 그때의 필자는 왠지 모를 자신감에 열정이 머리끝까지 차 있던 상태였고 월세+고정비가 250 정도밖에 안 하다 보니 이건 절대 망하지는 않겠다는 생각하에 시작을 했던 것 같다(250은 수업 50개만 해도 됐기 때문에). 그렇게 맨 땅에 헤딩 수준의 인수로 진행되어 갔다. 내 나름대로 최소한의 비용으로 센터의 구조를 조금 바꾸고 오픈 전에 그 당시 숨고/인스타/유튜브 내가 가지고 있는 모든 SNS와 어플로 고객을 끌어보려고 노력했다. 왜냐하면 내가 수업을 먼저 채워놔야 직원을 채용하고 새로 들어오는 워크인이나 상담은 전부 선생님에게 넘길 수 있다고 판단했기 때문이다. 적어도 나와 함께하는 선생님들은 업계 평균 정도는 벌게 할 수 있을 때 뽑는 게 맞다고 생각했기 때문이다. 운이 좋았던 건지 SNS와 숨고에서의 내 자격 사항들이 통했던 건지 오픈을 하기도 전에 2,000만 원의 매출 약 400회, 고객 수로는 약 15~20명 정도를 모을 수 있었다. 그렇게 1년 조금 넘게 운영을 하면서 선생님도 4~5명이 되었다. 그렇게 내 나이는 29세가 되었고 30세가 되기 전 20대에 엄청 큰 도전을 한 번 해보면 좋지 않을까, 라는 생각들이 머릿속을 채우기 시작했다. 그렇게 내 가슴이 뛰는 일은 그만한 리스크에서 온다는 생각이 들었고 헬스장으로 확장해서 운영을 해봐야 한다는 생각이 들었다. 그때 내 머릿속에서 PT샵과 헬스장의 차이는 내가 스스로 수업을 해서 고정비를 메꿀 수 있느냐 없느냐의 차이였다. 헬스장으로 넘어가게 되면 이젠 내 능력만으로 센터를 꾸려가는 게 아닌, 같이 일해줘야 할 동료가 필요하다는 게 가장 큰 고민거리였다. 그렇게 주변을 돌아보게 되었고 가장 믿음직한 팀원들을 영입하기 시작했다. 스카웃을 하기 위해서는 기존의 급여 체계가 너무 아쉽다 판단되고 내가 더 잘 챙겨줄 수 있는 확신이 있는지에서부터 질문의 답을 고민하기 시작했다. 그 답에 100% 책임질 수 있다는 판단이 섰을 때 그러한 친구들에게 비전을 보여주면서 같이 하자고 이야기를 했다.

PT샵과 달리 헬스장의 경우 내 전 재산을 걸고 시작한 일이다 보니 누구보다 간절했고 누구보다 열정이 넘쳤다. 그렇다고 단순히 자신감에만 차서 시작한 것이 아니라, 실제 주변 헬스장 가서 매출도 보면서 객관적인 데이터도 얻었고, 주변 주거 배후 세대 등 실질적으로 하나하나 따져봤을 때 여기서 실패하면 이건 진짜 내 잘못이라는 100% 확신이 있었기에 시작할 수 있었다. 또한 여러분들은 이 창업책을 읽어서 도움을 많이 받을 수 있겠지만 난 정말 그러한 정보를 얻을 수 있는 곳이 없었다. 그렇기에 이미 오픈한 분들에게 연락드리고 시간 약속 잡아서 여쭤보는 것이 최선이었다. 거의 10분 정도를 만나뵙고 그들이 말하는 공통점을 뽑아서 나름의 필승법을 만들었고 그렇게 차근차근 실천해나가기 시작했다.

내가 선택한 상권은 용산이었는데 선택한 이유는 첫 번째 주변에 헬스장이 없었고, 배후 세대가 어마어마했기 때문이다. 월세와 관리비 합하면 2천만 원이 넘는다는 리스크가 있었지만 그때 생각해보면 24시간을 안 자더라도 여기서 일하면 행복하겠다라는 생각이 컸기에 어떻게 해서든 성공시킬 자신이 있었다. 지나고 보면 근거 없는 자신감이었는지, 근거 있는 자신감이었는지 알게 되는 부분이겠지만 지금 생각해보면 생각한 대로 이루어진다라는 말이 근거가 없는 명언은 아닌 것 같다.

그렇게 1달 반의 프리세일 기간 동안 PT샵에서 상상도 할 수 없었던 매출이 나왔고, 그 후에 헬스장을 운영하고 매각하는 1년 반 동안 월매출 1억 이하로 떨어진 적은 한 번도 없었다. 다만 매번 순탄치만은 않았다. 실질적으로 운영을 하면서 굉장히 어려운 부분(인력 관리)도 많고 24시간 동안 쉬는 시간이 없다는 느낌에 스트레스도 많이 받았다. 당연히 인생의 전 재산을 걸고 운영하는 부분인데 여기에서 태연하게 운영할 수 있는 사람은 없으리라 생각한다. 하지만 1년 반 동안 그러한 부분을 참고 견디고 수정하고 해나가면서 많은 것을 얻을 수 있었다. 자세한 부분은 이 책에 다 적진 못했지만 그래도 꽤나 좋은 훌륭한 정보들이 있을 거라 자신한다.

여기서 핵심적인 부분 하나만 먼저 말하자면 인력 관리 차원에서 나의 팀원을 믿고 좋은 걸 같이 나누려는 마인드로 일하는 건 너무도 좋다. 다만, 대표라면 항상 사람 일은 어떻게 될지 모른다는 점에 대해서 대비를 하고 있어야 한다. 각기 찾는 답은 다르겠지만 결국 사람의 의존도를 최소화할 수 있는 시스템을 만드는 것이다. 누군가 일을 그만둔다 해도 바로 주변 지인이나 사람으로 자리를 채울 수 있는 능력이 있다거나 선생님이 나가더라도 전체 운영시스템에서는 리스크를 많이 받지 않도록 애초에 시스템을 구축했거나 등이 그 답이 되겠다.

아무튼 그렇게 나는 PT샵도 인수해서 운영을 해보고 헬스장은 새로 오픈해서 운영도 해보았다. 쉬지 않고 트레이너부터 위 두 개의 창업을 하고 나서 여러 의미로 지쳤는지 다 내려놓게 되는 시기도 있었다. 그러면서 여러 고민도 해보고 했지만 나는 아직 이 시장이 앞으로도 충분히 우상향할 수 있을 거란 생각하에 이번엔 시스템적으로 접근을 하려 하고 있다. 시스템으로 접근하는 것은 나도 처음 하는 부분이라 아직은 미숙하지만 시스템을 잡으면서 이 책을 집필한 부분이기에 여러분들도 분명 앞으로 글을 읽어나가면서 얻는 내용들이 많을 것이다. 나는 지금 내가 모든 일에 개입하지 않고 헬스장 운영하는 데 필요한 부분을 체크리스트화 하여 1주일에 1번 정도만 체크하는 방향으로 운영하고 있다. 아직 운영한 지 1달 정도밖에 안 되었지만, 그리고 아직은 사람에 의존할 수밖에 없는 시스템으로 돌리고 있지만 차근차근해 나가면서 조금 더 나은 방향을 찾으려 노력하는 과정에 있다.

나와 같은 과정에 있는 사람이라면 아래의 부분들을 읽으면서 다시 한 번 시스템을 정비한다고 생각하면 될 것 같고 앞으로 창업에 대한 생각을 하는 예비 창업가들은 아래의 내용들을 명확하게 익힌다면 사업에서의 실패 확률을 확실히 줄여줄 수 있다는 것은 장담할 수 있다. 여러분들의 성공적인 창업을 응원하며 본격적으로 창업가의 길로 들어가보자.

1. 창업 마인드셋

헬스장 & PT샵을 오픈하는 데에 있어서 가장 먼저 마인드셋에 대한 이야기를 하는 이유에 대해서 말하자면, 너무나 많은 트레이너 선생님들이 본인의 위치에 대해서 착각을 하기 때문이다.

보통 창업을 하려는 트레이너 선생님들을 보면 경력 3년차쯤 돼서 고객님 보유수도 30명이 넘고 재등록, 매출도 꾸준히 잘 나오는 경우가 대부분이다. 물론, 보유 고객 수도 많고 그러한 고객님들을 관리를 잘해서 재등록을 잘 이끌어 갔다면 당연히 그다음 스텝에 대한 부분을 생각하는 것은 나도 동의한다.

다만 여기서 '메타인지'라는 부분이 아주 중요한데, 본인의 고객/매출이 정말 본인의 능력으로 만들었는지 스스로 점검을 해보는 것이다. 생각보다 많은 부분에서 센터가 상권이 너무 좋은 곳에 위치하고 있거나 센터가 해당 선생님을 그럴싸하게 포장해줘서 고객님들이 많아진 경우가 많다.

이럴 때 가장 쉽게 본인의 수준을 판단하는 방법은 센터에서 배정 해주는 매출 즉 워크인, OT, 상담을 제외하고 본인이 스스로 매출을 만들어낼 수 있고 고객 유치를 할 수 있는가를 돌아보면 된다.

물론 창업을 하면 본인이 수업을 하는 방향으로 갈 것인지, 수업을 안 하는 방향으로 갈 것인지에 따라 필요로 하는 요구사항이 다르지만 보통 초보 창업자들은 수업을 할 수밖에 없는 상황이 오기에 고객을 스스로 유치할 수 있는 능력은 매우 중요하면서도 기본 사항이라 생각한다.

만약 위의 대답에 답을 주저하거나 망설였다면 어쩌면 창업보다 현재 트레이너로서 혹은 관리자의 직급으로 가는 것이 더 성공하기 위한 길일 수도 있다. 모두가 즐기는 EDM 페스티벌에 가서 춤을 추는 건 어렵지 않지만(헬스장에 소속돼서 수업을 하는 것) 조용한 거리에서 스스로 EDM 노래를 틀고 춤을 추면서 주변 사람들 또한 같이 춤추는 문화를 만든다는 것(내가 창업해서 고객을 끌어들이고 직원들에게도 수업할 고객들을 만들어주는 것) 이 두 가지는 생각보다 엄청난 큰 차이다. 페스티벌에서 내가 춤을 좀 추고 즐길 줄 안다고 해서 어디서든 그러한 춤이 인정받고 즐길 수 있다는 생각은 큰 오산일 수도 있다는 것이다.

이 글에서 시사하는 바는 "헬스장/PT샵 창업 아무나 하는 거 아니야!! 정신 차려!!"라는 말이 아니다.

여러분들이 피같이 모은 돈을 가지고 일생에 한 번 있을까 말까 한 배팅에서 자아도취에 빠져 아무런 근거 없이 난 성공할 거야, 라는 마인드로 시작하지 말라는 것이다.

너무나도 많은 사람들이 그렇게 창업을 하고 결국은 트레이너때보다 돈을 못 벌거나 비슷하게 벌고, 워라밸도 못 챙기고, 직원 스트레스 받아가면서 운영하는 경우를 너무 많이 봤다.

창업을 하는 데 있어서 간절함은 가장 중요한 덕목이라는 것에 너무나도 공감한다.

하지만 그 간절함의 방향이 단순히 열심히에만 그치는 순간 나도 힘들고 직원들도 힘들고 내 주변 사람들도 힘든 것이다. 사업에 필요한 요소들과 준비해야 할 부분들이 정확히 무엇인지 알고 그에 맞춰 똑똑하게 간절해야 한다.

다시 한번 말하지만 단순히 열심히, 간절히라는 말로 사회에 나와 창업을 하면 그 환상은 오래가지 못할 것이다.

운이 좋으면 성공할 순 있겠지만 그 성공 또한 오래 지속하진 못할 것이라는 건 너무나도 확신 있게 말할 수 있다.

위의 쓴소리를 견디고도 창업을 해야 하겠다는 열정과 의지가 남았다면 정신 차리고 이제부터 본격적으로 헬스장/PT샵 창업의 순서를 알아보러 가보자.

2. 상가 알아보기 & 인테리어 업체 컨택

창업을 딱 시작한다고 하면 가장 먼저 해야 할 것은 무엇일까? 우리가 건물을 건축할 때도 땅이 있어야 어떻게 건축할지 등에 대해서 생각하는 것처럼 우리가 PT샵을 할지 헬스장을 할지, 컨셉은 어떻게 할지 등을 생각하기 전에 가장 먼저 해야 할 것은 어떤 땅에서 우리의 창업을 시작하느냐, 라는 것이다.

사실 가장 좋은 건 자기가 계속 살았던 곳, 장기간 일을 했던 곳에서 하면 좋겠지만 그렇게 범위를 좁히다 보면 사실상 괜찮은 매물이 나올 때까지 하염없이 기다려야 하며, 나오더라도 꼭 하고 싶다는 조바심 때문에 합리적인 비용에 가격을 맞춰서 시작하기에는 어려울 것이다. 따라서 모든 가능성을 열어두고 헬스장/PT샵을 창업하기에 좋은 입지 & 환경을 고르는 방법에 대해서 먼저 알아두면 좋을 것이다.

고려사항들을 알아보기 전에 상가는 어떻게 알아보는지에 대해서 이야기해보자.

체육시설업, 우리가 하려는 헬스장, PT샵의 경우에 미리 알아두면 좋은 점을 이야기해주도록 하겠다.

① 근린생활 2종에서 할 수 있다는 점
② 150평이 넘는다면 운동 시설로 용도 변경을 해야 한다는 점 (건축사 통해 용도 변경 가능한지 알아보거나 비용은 얼마인지 체크해봐야 한다)

에어로빅장, 체력단련장, 에어로빅장, 당구장, 골프연습장	전용주거만 제외	500㎡ 미만	2종 근생	신고
		500㎡ 이상	운동시설	

③ 해당 건물에 PT샵이나 헬스장이 있다면 안 받아 줄 수도 있다는 점
④ 임대료가 너무 저렴하거나 주인이 자꾸 맞춰주려 한다면 건축물대장 상에 위반건축물이 있는지도 체크
⑤ 오래된 건물의 경우 각 층마다 견디는 하중의 무게가 있는데 이 부분도 미달되면 허가 안 나는 경우가 있다(부동산을 통해 확인할 것)

첫 번째 방법은 누구나 검색할 수 있는 네이버 부동산을 통한 서칭 방법이다.

① 네이버에 '네이버 부동산'을 검색한다.
② 부동산 홈 > 상가·업무·토지 선택 > 해당 지역구 선택
③ 월세 / 가격대 : 보증금, 월세
④ 면적 : 본인이 알아보고 싶은 평수 기재하고 검색(3.3m² →1평)
⑤ 마음에 드는 매물이 나왔다면 해당 부동산중개인에게 연락해서 실사를 나가서 확인한다.

가. 네이버에 '네이버 부동산' 검색

나. 부동산 홈> 상가·업무·토지 선택> 해당 지역구 선택

다. 월세/ 가격대: 보증금, 월세/ 면적: 본인이 알아보고 싶은 평수 기재하고 매물 서칭

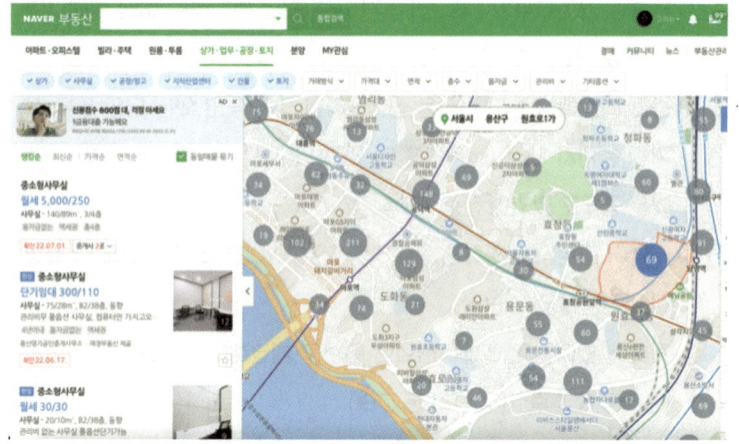

두 번째 방법은 상가·업무·토지 등을 전문으로 하는 각 지역구의 부동산이 있을 것이다.

(네이버 검색으로 알아보거나 공인중개사를 검색해서 알아본다)

① 내가 원하는 매물의 조건을 구체적으로 제시해서 말해준다.
② 층수, 보증금, 월세, 주차, 엘리베이터 유무, 대략적인 위치 등

이렇게 해서 매물을 받았다면 이제 조금 더 디테일한 부분을 체크해야 한다.

1) 철거

상가가 깔끔하면 상관없지만 만약 철거를 해야 한다거나 한다면 아래와 같은 부분은 확인해야 한다.

① 부술 수 있는 벽인지 체크하기(부술 수 있는 벽이라도 어떤 벽이냐에 따라 철거비용 차이가 있다)
② 층고 때문에 오픈형 천장을 선택했다면 위에 막고 있는 타일 등도 철거 가능한지 체크 (철거했을 때 위가 너무 지저분하다면 안 하는 게 나은 경우도 많기에 신중하게 생각하자)
③ 바닥이 고르지 못하다면 공구리를 칠지, 아니면 바닥 타일을 다 철거하고 진행할 건지 판단
④ 지하에 있다면 엘리베이터와의 동선을 체크해야 함 (폐기물 수거할 때 비용 & 추후 기구 반입 등 고려)

⑤ 보통 철거업체는 인테리어 업체와 협력관계에 있어서 인테리어팀에 부탁해도 되지만 조금 더 합리적인 비용을 원한다면 숨고나 플랫폼을 이용해 경쟁구도를 만드는 것이 가장 베스트.

2) 소방법

→ 보통 헬스장의 경우는 월세 절감을 위해 지하에 차리는 경우가 많은데 아래의 기준을 확인해서 소방법의 기준을 확인하자. 아래의 3개만 잘 확인한다면 크게 문제는 없을 것이다.

① 주 용도가 근린생활시설로서 연면적 1,000m^2 이상인 곳의 전층
② 교육 연구시설 내에 있는 합숙소로서 연면적 100m^2 이상인 곳
③ 지하층의 다중이용업소로서 150m^2인 곳 (가장 중요)

위 세 개의 부분에 해당이 되는데 소방시설이 적용이 안 되어있다 하면 보통 설치 비용이 1,000만 원 정도까지도 들어갈 수 있으니 미리미리 시설이 있는지 잘 체크해야 한다. 또한 인테리어를 마친 후 결국 소방 관련 방염필증에 필요한 부분, 유도등, 사각경보기, 비상방송 스피커 등 사설 소방업체에 문의해서 발급 완료해놔야 한다.(인테리어 업체를 통해서 소방업체를 컨택하면 되니 이 부분은 인테리어 업체에게 문의를 꼭 하자.)

◆ 적용 대상

- 주 용도가 근린생활시설로서 연면적 1,000m² 이상인 곳의 전 층.
- 교육 연구시설 내에 있는 합숙소로서 연면적 100m²인 곳
- 노유자 시설 또는 정신보건시설로서
  - 연면적 300m² 미만이고 창살이 설치된 곳
  - 연면적 300~600m²인 곳.
- 건물을 임차하여 출입국관리법 제52조 제2항에 따른 보호장소로 사용하는 부분.
- 지하층의 다중이용업소로서 150m²인 곳.

3) 전기 증설

신축 건물이라면 웬만하면 전기가 모자라진 않을 것이지만 옛날 건물

이라면 인테리어 업체를 통해 전기는 어느 정도 공급이 되어야 하는지 미리 파악해서 관리사무실을 통해서 전기 증축공사 필요 여부를 확인해야 한다.

보통 50평 기준 최소 15~20kw는 잡는 게 넉넉하다.

ex) 런닝 한 대에 넉넉하게 평균 2kw, 고객 500명 기준 약 40kw

증축공사를 할 때 건물 내에서 끌어올 곳이 있다면 다행이지만, 아예 외부에서 끌어와야 한다면 비용은 천만 원을 넘길 수도 있으니 꼭 미리 체크하자.

4) 천장형 에어컨 여부

없다면 설치해야 하는데 비용은 30평짜리 천장형 기준 대략 300만 원 정도 잡으면 된다. 건물 크기가 좀 남는다면 스탠딩 에어컨을 사용해도 충분히 가능하다.(기구 한 대를 놓을 위치에 에어컨을 놓는 아픔이…) 보통 평수의 70%에 해당하는 정도만 설치해놔도 충분히 충당 가능하다.

ex) 50평 헬스장을 운영하면 35평대 천장형 에어컨이면 충분하다. 다만 층고가 4m 이상이라면 조금 더 필요하다는 점을 참고하면 좋을 듯하다.

위의 방법/체크포인트들을 마무리해서 일단 마음에 드는 공실을 찾았다면 실제로 주변의 상권에 대한 분석이 들어가야 한다. 물론 통계학적인 분석도 중요하지만, 가장 중요한 부분이라 판단되는 부분은

① 실질적 유동 인구 유무 (아침/점심/저녁 시간)

② 연령대
③ 경쟁력에서의 우위 가능성
(주변 헬스장의 시설/가격/선생님들의 전문성/CS 다 합쳐서 봤을 때 2등 안에는 들어가야 한다)

실질적으로 우리가 눈으로 보고 느꼈다면 이제는 온라인상에서 얼마나 많은 검색량이 해당 지역에 유입이 되고 얼마나 많은 분들이 찾는지를 체크해봐야 한다.

① 네이버에 '네이버광고' 검색해서 로그인 후 들어간다
② 비즈머니 옆쪽에 키워드도구라는 탭을 클릭한다.
③ 키워드에 해당 지역+헬스장 / 해당 지역+PT 등을 쳐서 월간 검색수를 통해 수요를 판단한다. 어느 정도가 많은 기준인지 잘 모르겠다면 강남 헬스장을 쳐서 그 데이터와 비교해보면 체감상 어떤 정도인지 느낄 수 있을 것이다.

가. 네이버에 '네이버광고' 검색해서 로그인 후 들어간다

나. 오른쪽 그림에서 키워드도구 검색

]다. 키워드에 해당 지역 + 헬스장 or PPT 등 키워드 쳐서 월간 검색수를 통해 수요 등을 파악한다

이러한 모든 확인이 끝났다면 임대차계약 전 미리 인테리어 업체를 컨택해보자. 아래에는 인테리어 업체를 컨택할 때의 유용한 팁과 유의사항들이다.

첫 번째, 최소 2~3군데 인테리어 업체를 컨택하는 걸 추천한다.

- 여기서 봐야 할 것은 의사소통이 잘되는지, 책임감이 있는지를 체크해야 하는데 의사소통의 경우에는 내가 요구한 시안 디자인 등을 고려해서 설명을 해주는지를 체크하면 되고 책임감의 경우에는 연락을 주기로 한 시간이 있으면 정확히 그 시간에 연락을 주는지, 또는 언제까지 어떤 시안을 전달해준다고 했으면 그 시안을 그 시간에 맞춰 전달해주는지 등을 확인해야 한다.

두 번째, 평면도만 믿지 말고 실측을 먼저 진행하라.
- 평면도에 나온 면적보다 보통 기둥 등의 부분을 빼면 생각보다 작은 경우가 많다. 따라서 정확한 실측을 통해서 추후에 기구를 배치할 때 고려할 수 있도록 직접 실측을 한 평면도를 만들어야 한다. (추후 기구배치를 할 때 가로 몇 cm, 세로 몇 cm 등등을 따져서 대략적인 위치를 잡기 때문에 굉장히 중요한 부분이다)

세 번째, 실제로 본인이 원하는 구조 & 인테리어 사진들을 최대한 많이 그리고 구체적으로 요구해야 한다.
- 예를 들어 타일을 시공하려 하는데, 어떤 타일로 하고 싶은지 잘 모르겠으면 실제로 사진을 찍어서 계속 요구하고 명확하게 해놔야 한다. 보통 인테리어는 처음의 견적보다 추후 다 끝나고 나면 더 많이 드는 경우가 대부분인데 그 오차를 줄이기 위한 가장 중요한 부분이라 생각하면 된다. 대략적으로 이런 느낌이었으면 좋겠어요, 보다는 타일은 어떤 타일을 쓰고 싶고, 조명은 어떤 조명을 쓰고 싶은지 등등 최대한 구체화해 놓으면 좋다.

네 번째, 가견적서를 명확히 품목과 비용까지 해서 보내주는 곳으로

정해라.

 - 초반의 가견적서와 실제 견적서가 정확히 맞아떨어지는 경우는 많이 없지만, 그래도 초반의 가견적서를 보고 그 견적서를 가지고 주변 인테리어 하는 분들에게 물어보거나 각 견적서들끼리 비교하다 보면 어떤 업체가 가성비 있게 잘해주는지 판단할 수 있고, 추후에 비용이 갑자기 증가하게 될 경우, 기존 말씀해주신 비용과 다르다는 증거로 사용할 수 있다. 보통 가견적서에 자세한 사항말고 대략적인 부분만 써 놓는 경우가 많은데 그렇게 되면 거기서 자기들이 이득을 취하려고 하는 경우가 많다. 실제로 어떻게 돈이 쓰일지 모르기에 그냥 요구하는 대로 줄 수밖에 없는 상황, 따라서 최소한 타일은 얼마, 전기는 얼마 등등이라도 세분화해서 뽑아주는 업체를 찾자) / 그리고 견적서가 실질적으로 잘 뽑아준 건지 체크하기 위해 소정의 수고비를 주고서라도 주변에 인테리어하는 분들에게 견적서의 합리성에 대한 검토는 꼭 받도록 하자.

다섯 번째, 3D도면을 만들어 줄 수 있는 최종 업체를 컨택해야 한다.
 - 오픈 전에 홍보할 때 이 3D 사진들이 쓰인다. 고객님들에게 말할 때도 아무것도 없는 곳에 대한 정보로 설명하는 것보다 3D로 구상된 사진을 보여드리면서 앞으로 미래에 어떻게 바뀔건지에 대한 부분을 말씀드리면서 진행하는 쪽이 훨씬 좋다. 보통 100~200 정도 선납 느낌으로 주고 어차피 추후에 인테리어 총비용에서 차감하는 경우가 많으니 비용에 대한 부담도 없는 경우가 대부분이다.

여섯 번째, 소방/철거/간판&시트지/전기온수기&가스보일러&에어컨&덕트 옮기는 비용/인테리어 소품 등은 별개의 비용으로 판단하자(보통 인테리어 견적에는 이 부분이 빠져있는 경우가 대부분이다).

위 사항들을 포함하여 견적을 내다보면 추후에 비용이 생각보다 많이 발생할 수도 있다.

공사외 별도
- 1. 간판/ 사인물/ 유리시트지 별도(카운터 뒤 사인물/ 아크릴사인물 등)
- 2. 유리로고각인 별도(샤워실)
- 3. 펜던트 등 별도
- 4. 소방관련견적 별도
- 5. 환풍시설 설비 별도
- 6. 전기온수기 설치 별도
- 7. 에어컨 관련 설비 별도
- 8. 전기증설/ 배전함/ 메인배선 별도
  (배전함 안에 변경되는 부분이 생기면 별도가 발생함)
- 9. 락카/ 의자 별도
  * 카운터/ 상담석/ 소도구함/ 화장대는 목작업에 포함되어 있음
- 10. 제연설비관련 별도
- 11. 각실 칸막이 제거 후 바닥 빈공간 방통 작업(미장작업) 별도
  * 이 부분은 철거가 된 후에 알 수 있는 부분이기에 별도입니다.
- 10. 주차비용 별도

코로나 이후 인플레이션이나 거시경제 등의 상황 때문에 인테리어 비용이 전부 다 많이 오른 게 사실이다. 따라서 비용 또한 이제는 평당 100~150 정도는 생각해야 예산에 문제가 생기지 않고 진행할 수 있을 것이다.

3. 임대차계약

- 우리가 창업을 하는 데에 있어서 임대차계약을 하는 순간 이젠 정말 창업의 길로 들어서게 되는 것이고 되돌리기에는 피해가 막심할 것이다. 따라서 임대차계약을 마무리하는 순간까지 우리는 정확하게 체크해야 할 부분은 빼먹지 않고 잘 짚고 넘어가야 한다. 따라서 지금부터는 임대차계약을 할 때 어떤 부분을 조금 더 조심해야 하는지, 어떤 부분에 대해서는 확실하게 짚고 넘어가야 하는지 알아보자.

1) 시설에 문제가 있을 경우 철거문제는 어디서 진행해주는지, 그리고 필요에 따라 공사 전 요청사항이 있으면 계약 사항이나 미리 건물주와 이야기가 되어야 한다.

- 사실상 임대차를 계약하고 난 다음에 어떤 부분을 요구하기에는 임차인 대부분이 '을'의 경우가 많다. 따라서 건물 내부에 철거를 진행해야 한다면, 계약 전에 임대인분이 해줄 수 있는 부분이 있는지를 명확히 확인하고 진행하는 게 좋다. 공실이 길었을 경우에는 최대한 임차인의 요구를 들어주면서 임차를 맞추려는 성향이 크니 더더욱 그런 부분을 활용해서 비용을 아낄 수 있는 부분에서는 아끼도록 하자.

2) 렌트프리 확실하게 받는다

- 신도시나 공실이 오래 비었던 곳에서는 렌트프리를 6개월까지 주는 경우를 봤다. 하지만 대부분의 경우 1~3개월 정도를 주게 되는데 인테리어하고 공사하고 뭐하면 1달~1달 반 정도는 그냥 지나간다. 따라서 최

소한의 렌트프리 즉 공사기간에 대한 부분은 무조건 받아야 하고 추가로 1~2달 정도는 더 받는 게 초반에 창업을 안정화시키는 데 굉장히 중요하다. 창업 초반에는 임대료에 대한 부담이 가장 크기에 꼭!! 받도록 하자. 막무가내로 해달라고 하지 말고 건물의 어떤 부분 때문에 공사가 2개월 걸린다더라, 3개월 걸린다더라 라는 뉘앙스로 말하는 것이 조금 더 임대인 입장에서 들어 줄 가능성이 높아진다. 또한 체육시설업(헬스장&PT샵)의 경우에는 기존 고객이 방문하는 횟수가 높기에 건물의 가치나 유동인구 증가로 인한 다른 사업장에 좋은 영향을 줄 수 있다는 점을 어필하는 것도 포인트가 될 수 있겠다.

3) 직원 주차는 몇 대이고, 고객님들의 주차 공간은 얼마나 구비되어 있는지 그리고 더 나아가 몇 시간까지 주차를 무료로 넣어줄 수 있는지를 체크해야 한다.

- 무조건 주차장은 있는 게 운영에는 도움이 되지만, 주거단지의 경우에는 꼭 있어야 하는 건 아니다. 따라서 주차 시설이 다소 미비하더라도 임대료와 관리비가 정말 저렴하거나 위치가 정말 좋거나 하는 등의 메리트가 있다면 충분히 고려해볼 만하다. 또한 주차 시간은 많으면 많을수록 좋다. 주차 시간이 1시간인 경우에는 분명히 불만이 나오는 경우가 많으니 센터에서 사비를 들여서라도 2시간까지는 확보할 수 있도록 시스템을 만들어 놓자.

4) 간판은 어떤 자리에 달 수 있는지, 그리고 프리세일 할 때 현수막 건물에 붙일 수 있는지, 프리세일 시 테이블 설치나 별도의 공간을 마련해주는지 등은 계약 전에 반드시 확실하게 이야기해놔야 한다.

- 프리세일의 경우 합법적으로 하는 부분은 아니기에 책에서 자세히 다루지는 않겠지만 그래도 오픈전에 기본적인 매출을 내기 위해선 어느 정도 필요하다 생각하며, 공사 중인 곳에서 고객 응대를 하기에는 어렵기 때문에 건물 로비라든지 혹은 건물에 안 쓰는 호실이 있으면 호실 등을 빌려서 하는 등의 방법들이 있다. 계약 전에 이 부분을 협의하고 들어가면 너무 좋지만 만약 계약 후에 요구하거나 하면 대부분 임대인, 건물주의 입장에서는 돈을 요구할 수 있기에 미리미리 이야기해놓고 들어가자. 특히나 간판의 경우는 각 구마다 정해진 규정이 있지만 주변 간판들을 둘러봤을 때 어떤 곳은 크게 하고 있다하면 단속이 잘 나오지 않는 경우이다. 간판은 24시간 하는 마케팅이라 생각하기 때문에 최대한 잘 보이게 최대한 크게 하는 걸 추천하고 지하의 경우에는 특히나 시설의 위치를 알리기 어렵기 때문에 간판의 위치, 크기에 더더욱 초점을 맞춰야 한다.

5) 중개수수료 협의는 계약서 쓰기 전에 미리 협의하자.

- 중개수수료 같은 경우는 사실 중개를 받지 않는다 하면 대필로 일정 비용(보통 10~30만)만 내고 쓰는 것이 가장 합리적이나 대부분은 중개를 받아서 거래를 하기 때문에 일정 비용의 중개수수료를 내야 한다. 다만,

이 중개수수료라는 것도 사실상 어느 정도 합의된 선에서 맞출 수 있고 상가의 경우 중개수수료가 그래도 값이 나가는 편이니 사전에 꼭 조율하고 들어가는 걸로 하자. 그렇다고 무턱대고 깎아달라고 하기 보다는 자신의 상황을 말하면서 센터가 잘되면 사례는 꼭 하겠다 등의 서로 윈윈할 수 있는 구조로 이야기를 하는 것이 좋다.

6) 특약사항에 원상복구에 대한 기준 or 사진 등을 미리 첨부해 놓으면 불필요한 분쟁을 줄일 수 있다.

 마지막으로 말하고 싶은 건 전체적으로 임대차계약에 대한 부분도 결국 협상이다. 따라서 분명 빨리 하고 싶고, 좋은 매물인 것 같아서 바로 계약하고 싶은 마음은 알지만 시간을 여유롭게 가지고 협상을 해야 한다. 렌트프리 3개월을 받고 싶다면 5개월, 6개월을 달라고 요구하면서 시작하기도 하고 결국 내가 원하고자 하는 바를 바로 말하기보다는 조율될 것까지 생각해서 제시하라는 뜻이다. 한 번 계약 조건이 10년을 좌지우지한다고 생각하고 최대한 신중하게 하자.

4. 인테리어 공사 중에 해야 할 일

- 임대차계약을 마침과 동시에 바로 인테리어 공사가 들어가기에 사실상 임대차계약이 끝나는 순간부터 해야 할 일들이라고 생각하면 된다. 빠를수록 좋고, 미리 세팅해두면 더더욱 좋은 일들이라는 점 명심하자.

1) 기구 발주

- 보통 임대차계약이 완료되면 인테리어 공사 기간이 대략적으로 정해지는데 보통 100평 기준으로 45일 정도 잡는 경우가 많다. 그렇다면 내가 센터를 오픈하기로 결심했다면 기구에 대한 발주는 미리 이루어져야 한다.

기구가 들어오는 시기가 늦어지면 그만큼 센터 오픈이 늦어지는 것과 같으니 꼭 시기를 잘 체크해야 한다.

다만, 해외에서 들여오는 기구나 한국에서 유명한 뉴텍 등의 브랜드는 아마 발주 후 3개월 뒤에 출고가 되니 이 부분도 어떻게 맞출지에 대한 고려도 하면 좋을 것이다. 대부분의 나머지 기구들은 보통 2개월 안에는 출고가 되니 인테리어 대표님을 통해 정확히 마감 기간을 인지한 후에 마감 기간에 맞춰 발주를 넣을 수 있도록 하자.

기구 발주 시에는 기본적으로 꼭 넣어야 할 건 최대한 넣어서 발주해놓고 어느 정도 인테리어 실측 잡히고 기구를 넣을 공간에 대한 부분이 명확해지면 그때 수정하면서 실제로 추가로 주문에 들어가면 된다. 여기서 팁은 발주를 넣은 상태에서 보통 기구를 빼는 건 좀 어렵지만 추가로 주문하는 건 최대한 맞춰 진행해주기에 필수적인 것들로 최대한 생각해서 미리 발주해놓자. 또한 미리 덤벨이나 기본 소도구들 어떤 것들을 살지 리스트를 메모장에 적어두는 것이 좋다. 막상 오픈 시작해서 여러 일들을 같이 진행하려 하면 생각보다 정리가 안 되는 분경우가 많다.

  반드시 각 카테고리별로 정리해서 메모장에 써놓고 발주시킨 것과 시킬 것 등을 체크 해 놓는 방식으로 해놔야 빠뜨리지 않고 제시간에 오픈할 수 있다.

  또한 3D도면도 있지만 실측한 평면도 위에 기구 치수를 사이트를 통해서 알아본 다음 실제로 배치해보면서 구성을 짜는 것도 매우 중요하다.

2) 가격 책정

  - 이 부분에서 많은 예비 창업자들이 어려워하기도 하고 실수를 하기도 하는데 가격은 한 번 낮게 잡으면 올리기도 어렵고 또 너무 올려 놓으면 오픈세일에 등록률이 떨어질 수도 있으니 그 주변 단가를 정확히 파악해야 한다.

  보통 오픈세일 때는 내 주변 모든 경쟁센터의 가장 낮은 금액으로 세팅한다고 생각하면 된다.

  이 부분을 조금 예시로 들자면 내가 150평의 헬스장을 차릴 예정이고 유효 고객 600명 정도까지는 수용이 가능하고 내가 그 정도의 고객 수를 모집할 수 있다는 확신이 있다. 또한 이 센터의 월세부터 모든 고정비의 합이 1,500만 원이라 한다면, 내가 월 2만 원으로 가격을 세팅하면 내가 원하는 고객 수가 세팅되더라도 2×600=1,200이라는 매출이 나오고 그렇다면 사실상 300만 원의 적자가 나기에 잘못된 가격설정이라는 것이다.

  여기에서 만약에 월 3만 원으로 최저비용을 세팅해놨을 때 600×3=1,800이라는 매출이 나왔다면 300만 원의 순수익이 발생하기에 이 부분은 세팅할 만한 가격 설정이라는 것이다. 다만 여기서 FC쪽 인건비도 들어가기에 적어도 손익분기점 + 1,000만 원 정도로 여유롭게 잡아놔야 나중에 가격에 대한 조율을 하기가 더 수월해진다.

오픈세일 때 최저가격을 '12개월 등록했을 때 월 3만 원'으로 잡고 3개월, 6개월에 대한 가격은 조금 높여 잡으면서 시작을 하는 것이다. 단순히 주변이 3만 원 하니까 3만 원으로 오픈세일해야지 라는 식으로 가격 설정을 했다가는 추후에 운영이 분명 잘되고 사람도 많은데 순매출이 안 나오는 구조가 발생할 수도 있다는 점 명심하자.

위의 경우 헬스장의 예를 들어서 고객권에 초점을 맞췄다면 이번엔 PT 샵의 입장에서 PT 금액에 대한 이야기를 해보려고 한다. PT의 경우에는 보통 60%까지는 선생님의 급여로 나가기에 그 정도는 고정비로 나간다고 가정하고 본인이 얼마나 수업을 하고 선생님을 몇 명 채용해서 진행하느냐에 따라 달라지는데 예를 들어 고정비가 월세부터 모든 것들의 합이 500만 원이라고 가정을 하면, 단가를 5만 원으로 잡았을 때는 대표가 일단 100개의 수업을 한다고 하면 고정비에 대한 부분은 상계 처리할 수 있다고 판단한다. 다만 여기서 끝난다면 대표는 고정비만 내고 수익을 하나도 가져갈 수 없는 구조가 되므로, 그래도 보통 본인이 트레이너일 때 500만 원 정도의 급여를 받았다고 하면 실질적으로 선생님들이 수업을 240개 정도를 해주거나(240×5만 원×0.4) 아니면 대표가 수업을 100개 정도를 더 해야 하는 상황이 된다. (여기서 0.4를 곱한 건 기본급+수업료 50%를 준다고 했을 때 대략 나에게 맞는 순익을 40%로 잡는다는 부분에서 산출됐다라고 보면 된다) 이러한 상황이 되었을 때에야 비로소 내가 트레이너로 일하는 것과 기회비용이 같아진다는 뜻이다.

즉 대표가 100개 수업 + 선생님 두 명에서 각각 120개씩 수업을 했을 때의 기회비용이 내가 트레이너로서 500만 원을 버는 것과 같아진다는 것이다. 따라서 단순히 내가 수업을 많이 하려는 것도 있지만 몇 명의 선생님들이 각 수업을 어느 정도씩 해줘야 내가 투자비용까지 회수할 수 있는지에 대해서 곰곰히 생각해보는 것도 창업하기 전에 한 번쯤은 꼭 고려해봐야 하는 점이라는 점 알아두길 바란다. 이 부분을 모르고 창업했다가 트레이너 때보다 스트레스는 스트레스대로 더 받고 실질적으로 급여는 더 못받아가는 대표님들을 많이 봤기에 꼭 체크하자.

3) 프리세일 & 사업자 등록

- 헬스장과 PT샵은 허가업이다 보니 기구가 들어오고 허가증을 받기 전까지의 영업은 사실상 불법이다.

하지만 그래도 알고는 있어야 하니 간단하게 설명을 하려 한다.

프리세일 즉, 오픈하기 전 오픈 이벤트라고 생각하면 된다. 본인의 샵/헬스장이 완성되기 이전에 먼저 믿고 결제를 해주는 분들에게 파격적으로 가격 혜택을 드리며 가입시키는 것을 말한다. 카드 단말기나 사업자를 내는 방법은 약간 우회하는 방법을 사용하는데, 필라테스&요가업종을 이용하는 부분이다. (필라테스로 많은 분들이 카드단말기 발급을 하기에 가끔 카드단말기사에서 발급이 어려울 수도 있다고 하는 경우도 있으니 요가업종으로 진행하는 게 좋다) 업종코드 : 809105 업태 : 교육서비스 종목 : 기타 스포츠 교육기관으로 먼저 사업자등록을 내놓고 카드단말기를 만든 다음에 추후에 기구 들어오고 하면 구청 가서 체육시설업 신고증 받아서 종목에 체력 단련장업을 추가하는 방식으로 운영을 하는 것이다. (이때 전용면적 $300m^2$ 이하는 1개의 생활체육지도자 자격증, 이상은 2명의 자격증이 필요하다)

신청하는 방식은 세무서에 신분증/임대차/사업자등록신청서(세무서에 구비)를 들고 가서 신청해도 되고, 요즘은 온라인으로도 쉽게 신청할 수 있다고 하니 홈택스를 이용해서 신청을 해도 된다.

　이때 주변에 경쟁업체가 많다면 당연히 신고가 많이 들어갈 텐데, 실제로 카드로 결제를 하거나 현금을 결제받는 행위만 걸리지 않는다면 보통 어느 정도 선에서 끝나나 만약 실제로 결제한 내역이 걸린다면 경찰서에 소환당해서 500만 원 이하의 벌금을 내는 경우도 생기니 특히 조심하자. 만약 안전하게 하고자 한다면 필자가 추천하는 방법은 오픈 2주 전 프리세일 형식으로 홍보하면서 그냥 리스트랑 번호만 받아놓고 기구 들어오고 정식승인되면 기존의 DB에 연락을 돌려서 결제하면 혜택을 드리는 쪽으로 진행하는 것이다.

4) 카드단말기

　- 사업자가 나오면 카드단말기를 일단 구매하고 해당 단말기 사에 연락해서 카드사 연결을 하는데 이때 필요서류는 대략 사업자등록증 / 신분증 / 대표자 통장 사진 / 사업장 간판 사진 / 사업장 내부 사진 / 업종 관련 사진 / 사업장 관련 서류(허가증) / 대표자 핸드폰 번호와 이메일 주소 기입 / 유선번호 등이다. 여기서 사업장 내부 사진은 구도나 인테리어 시안 등으로 제출해도 인정되니 걱정하지 말고, 간판의 경우는 도로명판을 찍어서 보내면 인정된다.

5) 기타 잡비로 들어가는 물품들

 - 먼저 소도구는 어떤 것들을 미리 시킬지 생각해놔야 인테리어 목수가 들어왔을 때 그 소도구들의 사이즈를 측정해서 소도구함 제작을 의뢰하면 더더욱 깔끔하게 보관할 수 있다. 헬스복은 남/여를 나누는 것보단 (관리 어려움) 공용으로 3가지 정도 사이즈만 준비해서 진행하는 걸 추천드린다. 수건은 유효고객의 ×2 혹은 하루 유동인구의 3~5배 정도의 수량을 준비하자. 예를 들어 일일 입장객이 200명이라 하면 600~1,000장은 있어야 하는데, 이유는 200장이 빨래업체에서 가져가는 수량 200장 / 센터에서 200장을 썼을 때(빼 놓은 것들) / 전시해놔야 할 200장 최소 600장이다. 따라서 보통은 5배수로 하는 것이 중간중간 세탁이 조금 오거나 안 오거나 해서 고객님들에게 수건을 제공하지 못하는 일이 없으니 이 점 유의하면 좋겠다. CCTV는 아무래도 헬스 기구들이나 덤벨 등이 무겁기 때문에 언제 어디서 사고가 발생할지 모르기에 꼭 설치를 하는 것을 추천하고, 또한 수업중에 사고가 났다면 사건의 과실 여부를 가리기 위해서도 필요하다. CCTV의 경우에는 인테리어 하는 과정에서 전기가 들어올 때 미리 CCTV 설치할 곳에 미리 배선을 깔아놔야 하니 미리 자리를 정해주고 전기업자분께 말씀을 드리도록 하자.

  방향제의 경우 보통 세스코에서 나오는 에어제닉을 쓰는 것이 가장 무난하다. (1달에 한 번씩 향도 다시 채워주고 하기 때문에) 향은 브랜딩(센터의 이미지)에 중요 요소이기 때문에 꼭 신경 써야 할 부분 중에 하나이고, 전체를 채우기 어렵다면 고객이 센터를 처음 맞닥뜨리는 입구에서만큼은 꼭 느낄 수 있도록 신경 쓰면 좋을 것이다.

  정수기의 경우 배수라인을 미리 빼놓으면 좋기에 인테리어할 때 미리 정수기 놓을 곳까지 체크해서 위치를 잡아두면 좋다. 또한 PT샵은 1대로 운영이 가능하지만 헬스장의 경우 2대로 운영하는 게 고객님들이 불편함 없이 사용할 수 있을 것이다.

　세탁의 경우, 세탁 업체에서는 몇 포대당 얼마로 고정해서 정하는 경우(대략 1포대당 20~25), 혹은 달에 전체 나온 포대를 카운팅해서 그 포대만큼 가격을 책정하는 경우가 있다. 본인의 상황에 맞춰서 진행하면 된다. PT샵의 경우에는 자체세탁을 고려하는 것도 비용면에서 절감할 수도 있으니 참고하면 좋다.

　인포데스크도 목공 시 제작하는 것이 효율적이기 때문에 미리 어떤 구조로 만들 것인지(치수/수납공간 등)을 체크해서 진행하는 것이 좋다. 그리고 위에 CCTV의 배선을 위해 미리 달아 놓을 곳을 체크해놓으라고 했는데 만약 헬스장 스피커를 천정에 다는 것으로 한다면 이 또한 전기 작업 시 미리 배선작업을 해야 한다. 50평 기준 200W 정도의 스피커 용량 60W짜리 3개 정도면 충분하다 대략 평당 4W~5W로 잡으면 사운드에는 문제 없다. 또한 위의 모든 준비사항들이 인테리어 끝나는 날로부터 아무리 늦어도 1주일을 넘어가지 않도록 미리미리 세팅해 놓는 게 중요하다.

　정말 많아 보이는데 타임 테이블을 짜서 하나하나씩 해나가면 생각보다 관리하기 수월하다. 메모하는 습관이 중요한 이유가 여기에 있다. 타임 테이블 짜놓고 진행하지 않는다면 분명 잊어버리는 것이 생기고 나비효과로 인해 다른 작업들도 늦어지는 현상이 생길 수 있으니 무조건 계획은 확실히 메모하면서 진행하자!

6) 네이버 세팅

- 네이버 플레이스는 사람들이 헬스장 & PT샵의 정보를 찾을 때 가장 많이 보는 곳 중에 하나다.

따라서 네이버 플레이스는 빠르게 세팅되면 될수록 좋은데 위에서 말한 것처럼 처음엔 요가원이나, 필라테스로 미리 만들어놓자. (결국 이름을 검색해서 들어오기에 업종은 초반엔 크게 상관없다. 만약 업종이 헬스장으로 안 바뀐다면 나중에 사업자등록증에 체력단련업 추가하고 변경 신청하면 되니 걱정하지 말자)스마트 플레이스가 만들어졌다면 기본적으로 운영시간부터 어떤 장점이 있고 어떤 기구가 있는지 등등을 자세하게 서술한다. 이때 중요한 건 시각화자료인데, 실제로 3D 인테리어 도면을 받은 것으로 세팅하고 기구나 이런 곳에서 메리트가 있다면 그런 장점들을 명확히 어필할 수 있도록 하자.(센터 선생님/ 들어올 기구들에 대한 설명 / 어떻게 운영할지에 대한 가치관 공유 / 지금 등록하면 누릴 수 있는 혜택 등) 또한 헬스장에 문의전화를 할 수 있기 때문에 네이버 스마트콜 발급해서 자기 핸드폰 번호에 연동시켜놓자.(인터넷 전화를 설치하기 전에는 본인 핸드폰 번호에 연동시켜서 많이 쓴다.). 또한 네이버페이 시스템을 통해 상품을 만들어 놓는다면(스마트스토어 X) 카드 할부에 제한이 있는 고객님들이나 방문하지 않고서도 결제하는 부분에서 혜택을 줄 수 있다. (다만 수수료는 조금 더 나가니 그 점은 참고하자.)

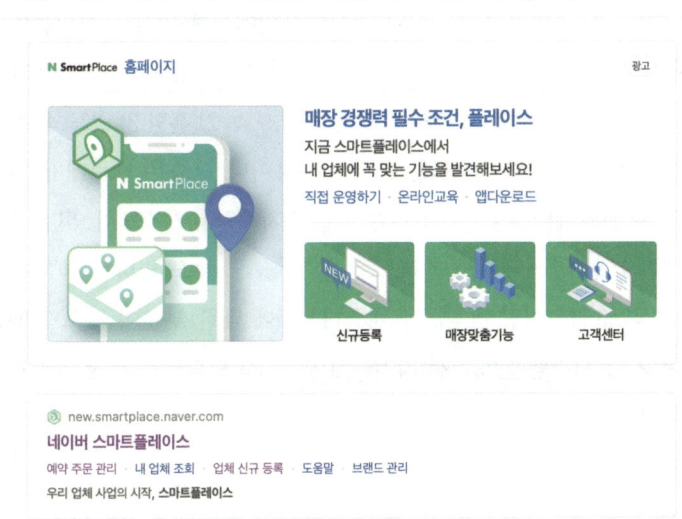

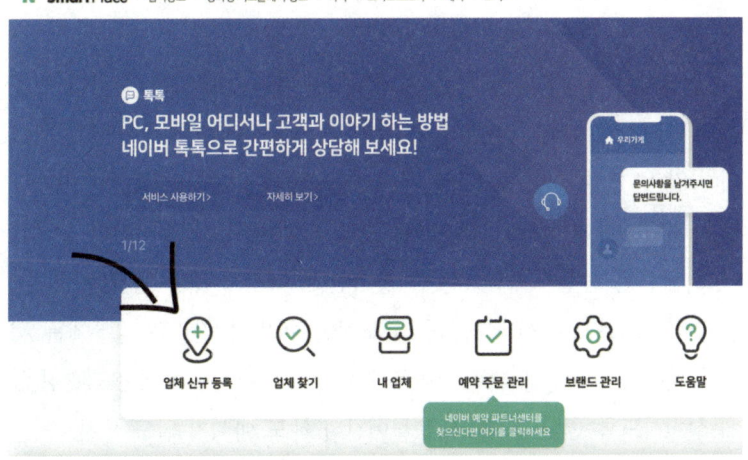

4. 인테리어 공사 중에 해야 할 일 • 49

7) 계약서 만들기

- 계약서는 종이로 쓰게 된다면 주변 센터에서 운영하는 사람들에게 양식을 빌려 우리 센터 양식에 맞게끔 수정해서 사용한다. 꼭 들어가야 할 내용으로는 1) 계약 해지 시에 대한 규정(환불) 2) 홀딩 3) 양도 4) 소지품 분실에 대한 책임 5) 상해 및 파손 내용이다. 요즘은 브로제이, 다짐 등 앱 자체에 계약서를 작성하게끔 하는 전자계약서 시스템이 있다. 종이에 대한 분실 염려도 없고 원격으로 계약서를 쓸 수도 있다는 장점이 있다. 각 업체마다 어떤 방향성을 지향하는지에 대한 부분이 다르기 때문에 몇 가지 시스템을 보면서 자기에게 맞는 CRM회사와 계약해서 진행하는 걸 추천한다.

8) 현수막 & 간판 달기

- 현수막은 약간 단기성, 간판은 장기적인 측면으로 보는 게 좋다. 건물주와 관리소장에게 미리 협의를 구했다면 가장 먼저 가시성이 좋은 위치에 가장 큰 현수막을 설치하는 게 좋다. 오픈하는 센터의 핵심은 최대한 많은 사람들에게 센터가 생긴다는 인식을 심어주는 것에서부터 시작한다. 사람들은 본능적으로 새것을 좋아한다. 따라서 새로 생기는 센터라는 인식만으로도 관심과 등록을 유도해낼 수 있다. 간판의 경우에는 24시간 센터의 마케팅을 해주는 아주 중요한 부분이기에 최대한 직관성 있게 설치하도록 한다. 돈이 조금 들어간다 해도 아끼지 말고 투자하기를 바란다. 이때 견적의 Tip을 드리자면 숨고에 입찰 경쟁을 붙인다. 간판의 경우 원가가 굉장히 저렴하기에 가격이 천지 차이이기에 숨고를 통해 합

리적인 소비를 할 수 있다. 보통 간판의 경우 스티커도 같이 하는 경우도 있으니 시트지나 로고 등의 스티커 등 같이해서 최대한 합리적인 가격으로 해달라고 딜 하는 것도 하나의 방법이다.

9) 전반적인 인테리어 관여

 - 아마 인테리어를 대부분은 업체를 통해 맡기게 될 것이다. 그렇게 되면 아마 총괄해주시는 소장님 한 분이 들어올 것이고 나머지는 파트별로 들어올 것이다. 이때 소장님이 물론 잘해주시겠지만, 의사소통의 미스로 본인이 원하지 않는 방향으로 가는 부분도 분명히 있을 수 있다. 따라서 프리세일 기간이라 홍보에 유념하면서도 지속적으로 현장에 들러 명확한 가이드라인에 대한 제시를 꾸준히 해줘야 한다. 조금 더 완벽하게 하고 싶다면 사진으로 설명하기보다는 실제 타일 샘플링을 보고 선택하는 방향으로 진행하는 것도 추천한다. 사진과 실제로 보면 빛과 여러 가지 환경적인 이유로 느낌이 많이 다르기 때문이다. 또한 인테리어 공사에 들어가면 타임테이블 즉 언제 전기가 들어와서 공사를 하고 언제 목공이 들어와서 공사를 하는지 등이 쓰여 있는데 일정이 미뤄지지 않도록 그날 그날 잘 체크해서 진행이 매끄럽게 되고 있는지 신경을 써야 한다.

5. 인테리어 공사 후 해야 할 일

1) 기구 & 기타 물품들 세팅

  - 오픈했을 때 고객님들에게 좋은 인식을 심어주려면 결국엔 첫인상에서 좋은 모습을 보여줘야 한다. 따라서 인테리어 끝나고 가오픈을 하더라도 시계, 의자, 샤워실 안에 면봉/화장솜/빗 등 사소한 부분이라도 잘 세팅을 해 놓아야 한다. 웨이트 기구와 유산소 기구 또한 고객님들의 동선과 기구 사용할 때의 편의성을 체크한 다음 확실하게 세팅을 끝내 놓아야 한다. 또한 유산소 기구 특히 러닝머신의 경우는 TV 연결도 해야 하니 미리 통신사측에 연락해서 오픈일 전에 TV 수신까지 완벽하게 해 놓는 게 좋다. 락카 위치의 경우는 아마 건물 측에서 외부에 설치를 허락해줘야 하는 경우가 많기 때문에 미리 말을 해 놓는 것도 좋지만, 사실상 업장 1m 안에서 락카를 놓는 건 임차인의 권리로도 규정되어 있으니 안 된다고 한다고 그냥 안 하려 하지 말고 최대한 놓을 수 있도록 협조해달라고 말하자. 개인 락카가 센터 내부로 들어오게 되면 생각보다 공간을 많이 차지하게 되고 분명 나중에 고객이 증가하면 불편함을 이야기하는 경우가 생긴다.

2) 선생님들의 고객 응대 매뉴얼 숙지

  - 고객권/PT 둘 다 다르겠지만 오픈하고 결국 첫 만남에서 고객님들은 낯선 공간으로 들어서는 것이며 그 안에서 어떻게 행동을 해야 하는지를 모른다. 따라서 이때 시설에 대한 부분 소개해주면서 고객님의 동선을 살피는 행동이 고객님들에게는 굉장한 친절, 좋은 이미지로 다가올 수 있다. 여기서 조금 더 확실한 이미지를 주고 싶다면 모든 선생님들의 인사 멘트

와 목소리 톤의 통일성 그리고 탈의실과 처음 출석 체크 등의 안내를 해 드릴 때 어떤 자세로 해야 하는지에 대한 교육이 이루어지면 훨씬 좋을 것이다. 그리고 가장 중요한 것, 웃는 얼굴에 침 못 뱉는다는 말이 있듯 항상 웃는 얼굴로 응대하면 분명 좋은 일이 생길 것이라 확신한다.

3) 체육시설업 신고

- 기구가 들어오면 구청에서 실제로 현장 실사를 나와야 하니 방문일자 체크를 한다.

방문이 끝난 다음에는 약 3~5일 정도 지나서 체육시설업 신고증이 나오는데, 체력단련업 신고를 추가로 하지 않는다면 1년 이하의 징역, 1,000만 원 이하의 과태료가 나오니 너무 늦지 않게 꼭 신청하도록 한다.

아래는 시설업 신고하는 데 필요한 서류 내용들이다.

체육시설업 신고 서류
- 체육 시설업 신고서
- 시설 및 설비 개요서
- 성범죄 경력조회 및 아동학대관련범죄 전력 조회 동의서
- 임대차계약서
- 기타 요청서류

시설 및 설비 개요서는 시설을 모두 완료 후에 시설 배치도와 시설에 대한 사항을 기재하여야 합니다. 시설을 전혀 하지 않고 관련업 신고 또는 등록을 하고자 하는 경우가 있는데 모든 시설은 완료 후에 등록 또는 신고가 들어가야 합니다.

4) 홍보/브랜딩 작업

- 이제 센터가 실제로 오픈이 되었다면 홍보를 할 때 지속적으로 우리 센터의 어떤 이미지를 보여줄지 체크를 해야 한다. 물론 가격적인 메리트는 당연히 어필할 포인트이지만 장기적으로 봤을 때 주변 센터와의 차별성 1~3가지 정도는 미리 생각해 둬야 그 부분으로 꾸준히 노출시키면서 사람들의 머릿속에 "00센터 하면 00이 특별해!!"라고 각인될 확률이 높다. 네이버 플레이스/인스타그램/오프라인(족자, 현수막, 전단지) 등에서 통일성 있게 이야기할 키워드를 생각해보자.

5) 청결의 시스템화

- 생각보다 요새 많은 헬스장/PT샵에서 강조하고 있는 것이 청결이다. 코로나 시대를 지나와서 그런 건지 모르겠지만 고객님들에게 컴플레인 나오는 사항 중에 가장 큰 부분이 보통 머리카락, 샤워실 등의 청결 관련 문제이다.

따라서 시간대별로 청소를 어떻게 할 것인지에 대한 체크리스트화가 되어 있어야 한다고 생각된다. 그래야 추후에 청결관리가 안 될 때의 책임과 어떻게 더 신경을 쓸지에 대한 객관적인 결과가 나오기 때문이다. 트레이너 선생님들이 수업이 많다면 인포 선생님 그리고 혹시나 필요하다면 시간대별로만 청소 어머님을 써서 관리하는 것도 하나의 방법이다.

6. 세금

추가적으로 사업을 하는 데에 꼭 알아야 할 세금에 대해서 설명하겠다.

1) 종합소득세

- 종합소득세는 매년 5월에 신고/납부하며 1년의 영업이익 즉, 수입을 기준으로 내는 세금을 의미한다. 이 종합소득세를 관리하기 위해서 가장 중요한 점은 모든 지출에 대해 세금계산서를 발행하는 것이다. 예를 들어 인테리어 업체가 100평의 견적을 1억을 요구했다면 여기에 10%를 붙여서 1억 1천만 원을 내고 세금계산서를 발행받는 방법이다. 세금계산서를 발행하지 않으면 세금 신고에서 그 부분을 우리 회사가 그 비용을 지출했다는 증빙을 못하게 된다. 따라서 연매출이 1억 5천이 나왔다고 가정을 해보자. 그럼 인테리어 지출증빙을 했다면 1억 5천-1억 = 5천에 대한 종소세 즉 24%만 내면 되지만, 만약 증빙이 안 됐다면 1억 5천에 대한 세금 즉 35%의 세금을 내게 된다. 추가로 부가세에 대한 혜택도 못 받으니 어렵다면 그냥 무조건 모든 나가는 돈에 대해서는 세금계산서 발행은 해야 한다고 생각하자. 아, 참, 카드로 결제하는 것에 대해서는 자동으로 비용 처리 & 부가세 처리가 되니까 걱정 안 해도 된다.(홈택스에 카드 등록을 해놔야 한다) 추가적으로 위에선 인테리어 비용을 1억이 들어갔으면 1억이라고 딱 명시했지만 사실 헬스장의 기구, 인테리어 등 감가상각비(노후도에 따른 비용 책정)적용을 받아서 비용을 5로 나누어 매년 처리가 된다. 1억의 인테리어 비용을 썼다면 1년에 2천만 원씩 내가 쓴 지출로 잡힌다는 말이다.

조금 더 쉬운 이해를 위해 실제 계산을 과세표준을 가지고 와서 실제로 해보자

과세표준	세율	누진공세
1,200만 원 이하	6%	-
1,200만 원 초과 ~ 4,600만 원 이하	15%	108만 원
4,600만 원 초과 ~ 8,800만 원 이하	24%	522만 원
8,800만 원 초과 ~ 1억 5천만 원 이하	35%	1,490만 원
1억 5천만 원 초과 ~ 3억 원 이하	38%	1,940만 원
3억 원 초과 ~ 5억 원 이하	40%	2,540만 원
5억 원 초과 ~ 10억 원 이하	42%	3,540만 원
10억 원 초과(신설)	45%	5,040만 원

종합소득세 과세 표준

ex) 내가 센터 매출이 2억이 잡히고 연에 직원 인건비(1억) + 임대료(2천) + 감가상각비(2천) + 카드로 쓴 금액(2천) + 기타 물품 잡비(1천)라면 2억 - 1억 7천만 원 = 3천만 원

→ 위의 예시로 내가 한 달에 벌어들인 매출이 3천만 원이라고 가정해 보자. 그렇다면 표에서 보듯 1,200만 원 초과~4,600만 원 이하 구간에 들어가게 된다. 따라서 세율은 15%로 책정이 되며 여기에 누진공세를 빼주면 내가 납부해야 하는 금액이 나온다.

따라서 3,000만 원 × 15% = 450만 원에서 누진공세 108만 원을 제외하면 342만 원이 종소세로 납부해야 할 금액이 되는 것이다.

2) 부가세

- 부가세는 평생교육원(교육업)이라면 안 내지만, 간이과세자(4,800만 원 이하의 매출)이라도 1.5~4%의 낮은 세율로 내긴 한다. 그런 경우를 제외하고 우리는 그냥 흔히 10%의 부가세를 낸다고 생각하면 된다. 이 부분은 세무사를 통해서도 줄이기가 어렵다.

>ex) 매출이 3억이 나왔으면 3,000만 원의 부가세는 내야 한다고 생각을 하고 있어야 한다는 것이다. 여기서 부가세는 우리가 세금계산서 발행을 하는 모든 업종에서 감가가 되기에 부가세를 유일하게 줄이는 방법은 카드로 물건을 사거나(홈텍스에 등록시켜놔야 한다)임대료/인테리어/기구 등에서 10%를 더 주고 세금계산서를 발행하는 것이다. 보통 부가세는 반기에 한 번씩 내므로 미리미리 돈을 모아두지 않으면 갑작스러운 목돈이 나가는 것에 대한 부담이 클 수 있다. 어렵다면 아래의 계산하는 방법을 한 번 보자.

반기매출(1~6월)이 1억이라고 가정을 하자. 그리고 반기 동안 임대료는 총 3천만 원을 지출했고 사업자 카드로 소비한 금액이 1천만 원이라 가정을 해보자.
그렇다면 매출(1억) - 임대료(3천) - 카드 쓴 내용(1천) = 6천만 원의 10%인 600만 원이 부가세 신고 금액이다.
보통 인테리어를 할 때 세금계산서를 발행했다면 부가세는 한동안 안 내도 되는 경우가 많다.
인테리어 비용이 평당 100이라 가정했을 때 100평의 인테리어 1억의 비용이 나가는데 이때 10%를 더 납부하고 세금계산서를 끊으면 1억에 대한 부가세 공제를 매출에서 할 수 있기 때문이다.

ex) 1~6월 매출 1억 - 인테리어 비용 1억 = 0원, 따라서 부가세는 낼 세금이 없다.

3) 원천세

- 보통 헬스장이나 PT샵의 경우 프리랜서로 고용하기 때문에 위탁계약서를 쓰는데 그렇다면 급여는 3.3%를 제외하고 지급하고 그 3.3%를 모아서 원천세라는 이름으로 국가에 납부를 해야 한다. 원천세의 경우에는 급여신고하면서 매달 납부하므로 그 달 그 달 체크해서 내면 된다. (반기나, 연에 한 번씩 낼 수도 있는데 생각보다 큰 금액이 나가기 때문에 월에 꾸준히 내는 게 리스크 관리에는 유리하다고 생각한다)

7. 운영에 있어서 중요한 TIP

운영에 있어서 중요한 TIP에 대해서 말하는 이 장에서 가장 먼저 말하고 싶은 부분은 여러분들이 PT샵을 운영할 것인지, 헬스장을 운영할 것인지에 따라 초점을 맞춰야 하는 부분이 달라진다는 점이다. 먼저 PT샵의 경우에는 인력기반 사업으로서, 중요한 3가지를 뽑자면

1) 인력의 전문성 2) 브랜딩 3) 마케팅이 있다.

헬스장은 시설기반 사업으로서 중요한 3가지를 뽑자면

1) 위치 2) 기구 3) 인테리어 이렇게 뽑을 수 있다.

따라서 본인이 어떤 사업을 하는지에 따라서 어떤 부분에 비중을 두고 운영을 해야 하는지가 나올 것이다.

PT샵을 먼저 예시를 들자면 PT 자체는 고가이기 때문에 거리나 위치보다도 그 센터의 선생님이 얼마나 잘 가르치는지, 전문성을 입증할 수 있는 자료들이 있는지, 선생님들의 경력 & 자격사항은 어떤지를 많이 본다. 따라서 네이버플레이스나 블로그에서 헬스장보다는 조금 더 티칭에 대한 객관적인 자료 (비포 & 애프터 포트폴리오 등)의 글들을 올려주는 것이 좋다. PT샵을 운영하는 입장에서는 사람들이 값비싼 제품을 소비하는 이유에 대한 부분을 연구하고 관심을 가지면 분명 도움이 되는 부분이 있을 것이다.

다음은 헬스장이다. 헬스장 사업이 PT샵보다 그래도 개수도 적고 경쟁률이 조금은 덜하다고 생각되는 이유 중에 하나는 위의 말했던 3가지 요소(위치/기구/인테리어)들이 결국은 돈 있는 자들이 이길 수 있는 게임의 세팅값 때문이라 생각한다. 따라서 헬스장 사업을 할 때는 확실히 자본력에 있어서 경쟁력이 없다면 경쟁업체가 많은 곳으로 들어가는 것은 위험하다. 경쟁상대가 없는 곳을 들어가든, 아니면 경쟁 상대가 더 이상 들어올 공간이 없는 곳을 찾아서 들어가는 것이 리스크 관리의 첫 번째 요소

가 될 것이다. 그 후 위에서 말했던 위치/기구/인테리어 요소들에 본인의 자본을 투자했다면 그 후에 해야 할 것은 PT샵의 요소들을 헬스장의 요소들에 접목시키는 것이다.

쉽게 말해 헬스장을 운영하면 그 안에서 PT도 결국은 할 것이기에 위치/기구/인테리어 요소가 갖춰졌다면 그 후에는 이제 PT샵의 요소였던 1) 인력의 전문성 2) 브랜딩 3) 마케팅을 갖추기 시작해야 한다는 것이다.

그리고 결국 헬스장이든 PT샵이든 가장 메인이 되는 핵심은 '서비스마인드'라고 생각하는데, 결국 우리는 사람과 사람 사이에서 가치가 창출되는 일을 하기 때문이다. 따라서 운영하는 입장에서 항상 생각해야 하는 부분은 내가 고객이라면 어떤 기분을 느낄까, 라는 역지사지의 사고를 지속적으로 하는 것이라고 생각한다

두 번째로 말하고 싶은 것은 본인이 이 사업을 자영업으로 하고 싶은지 사업으로 하고 싶은지 객관적으로 판단해야 한다는 것이다. 나는 모두가 사업을 하고 싶어 한다라는 의견에는 동의하지만 아무나 하는 게 사업은 아니라는 입장으로서 차라리 본인이 모든 일에 개입하고 하나하나 만들어가는 자영업 시스템으로 갈 것인지, 내가 개입하지 않고서도 자동으로 돌아가는 사업 시스템으로 갈 것인지를 객관적으로 돌아봐야 한다. 자영업에서 시작해서 사업으로 변화할 수도 있고, 사업에서 시작해도 자영업으로 변화할 수도 있지만 처음 그래도 본인이 어떤 방향으로 갈 것인지가 명확해야 운영의 구조를 짜는 데 도움이 된다고 생각한다.

자영업을 하기로 마음먹었다면 가장 중요한 부분은 모든 부분에서 나와 같이 하고 있는 팀원들보다 0.1이라도 더 알아야 하고 잘해야 한다는 것이다. 그래야 직원들이 따라오고 내가 하나하나 실질적으로 지시를 할 수 있기 때문이다. 이게 안 된다 하면 어느 순간부터는 본인이 핸들링하

기 어려운 부분이 생길 수도 있다. 따라서 모든 부분에 알아야 한다는 느낌으로 공부하면서 사업을 이끌어 나가야 한다. 반대로 사업의 시스템으로 진행을 하기로 했다면 가장 중요한 부분은 위임이다. 나보다 잘하든, 잘하지 않든 꼭 대표로서 직접 해야 하는 일이 아닌 부분은 과감하게 위임하고 그에 대해서 지속적으로 체크할 수 있는 시스템을 만들면 된다. 말은 쉬워 보이지만 위임이 어려운 이유는 "본인이 하면 더 잘할 수 있을 텐데"라는 생각과 답답함을 참기가 힘들어서인 경우가 많다. 이 부분들이 결국 매출과 연결되고 매출이 나오지 않는다면 결국 그 리스크는 대표가 혼자 짊어지어야 하기 때문이다. 자영업에서 사업으로 가는 과정에는 분명 매출이랑 지표들이 떨어지는 구간은 반드시 생기게 된다. 이러한 부분을 이겨내야 진정으로 사업으로 가는 길이 열린다는 점 명심하고 본인의 포지션을 유지한다면 확장으로 갈 수 있는 토대를 마련할 수 있을 것이다.

세 번째는 마케팅에 관한 부분이다. 많은 분들이 운영할 때 어떤 분은 전단지 / 족자 / 홍보 등의 오프라인 마케팅만 하고 어떤 분은 메타광고 / 당근광고 / 네이버플레이스 / 블로그 광고만 진행하시는 경우가 있는데 물론 둘 다 진행을 하다가 데이터를 통해 현 상권에서 한쪽이 필요가 없다고 판단이 돼서 하나만 하는 거라면 상관이 없지만 단순히 하나만 할 줄 안다든지 한쪽에서 좋은 결과를 봤다고 한쪽만 고집해서 진행한다든지 하는 방향으로 간다면 더 발전할 수 있는 기회를 놓치고 있다고 말할 수 있다. 필자는 단면적으로 봤을 때 오프라인과 온라인 마케팅 각각에서 즉각적인 홍보 효과가 나오지 않더라도 전단지를 통해 한 번 더 해당 센터에 대해서 검색해보게 됨으로써 고객으로 전환될 수 있는 확률이 있을 수 있기 때문에 두 가지는 병행하는 것이 좋다고 생각한다. 각 마케팅에 들어가는 비용을 전환율이 높은 곳에 8, 전환율이 낮은 곳에 2 정도로 책정하는 것이 현명한 예산 분배일 거라 생각한다.

네 번째는 인사 관리다. 보통 인력 기반 사업인 우리의 산업군에선 가장 큰 리스크가 인력의 이탈이다. 그렇다면 우리의 직원 즉 함께 일할 분들을 어떻게 하면 오래 같이 일할 수 있도록 만들 수 있을까?

결국 그들의 입장에서 생각하면 된다. 필자가 생각하는 바는 이렇다. 먼저 돈을 벌기 위한 일을 하기 때문에 일하는 데에 대한 급여체계를 타 업체와 비슷하거나 혹은 조금은 더 좋게 책정을 해야 될 것이다. 이 부분은 단기적으로 직원들의 성과를 끌어올리고 함께 가도록 만들 수 있다. 다만 이것만 한다면 길어도 1~2년이다. 가장 중요한 부분은 개개인 구성원들의 단기적, 장기적 목표를 센터의 입장에서 충족시켜주면서 갈 수 있느냐인 것 같다. 회사가 성장하는 데에 본인이 수단이 되는 느낌이 아니라 본인 또한 자신의 성장을 향해 가는 느낌이 들어야 한다고 생각한다. 그러기 위해서는 지속적으로 소통 창구를 열어 직원들의 목표에 회사가 조금이라도 도움을 주려고 노력해야 한다. 복지와 근무환경 등도 여기에 포함될 수 있다. 하지만 가장 중요한 건 결국 자아실현의 개념에서 지금 내 직원들이 어떤 것을 원하고 있느냐가 가장 중요하기에 그 부분에 대한 욕구만 충족시켜준다면 더 오래 같이 갈 수 있다고 판단된다.

대표가 비전을 가지고 일을 하며 그 비전에 동참하는 직원들과 같이 갈 때 회사가 더 오래가고 발전성이 크다는 것은 다들 보거나 느껴 보았을 텐데 같은 맥락이라 생각하면 된다.

다섯 번째는 잠재 부채에 대한 관리 중요성이다.
유일하게 피트니스 업계에서만 많은 헬스/PT업체들이 먹튀 논란에 휩

싸이게 되는데 이는 고객권/PT 등 결제 수단이 장기간 등록하면 할인을 많이 해준다는 데에서 기인한다. 고객의 입장에서는 센터가 사라지지만 않는다면 당연히 저렴하게 등록하는 게 좋기에 가격적인 메리트에 이끌려 결제를 진행한다지만 센터의 입장에서는 아무 생각 없이 장기 세션, 장기 고객권을 끊으면 저렴하게 해주는 정책을 쓰면 안 된다. 예를 들어 고정비가 1,500만 원인 센터에 12개월 등록하면 월 2만 원을 주는 특가를 뿌린다 생각해보자. 보유 고객 수가 500명이라 하면 이는 언젠간 무조건 탈 날 정책이라는 것이다. 이유를 살펴보자. 월 2만 원 × 현재 인원 500명 = 1,000만 원. 즉 고정비보다 500만 원이나 매출이 덜 발생되기에 12개월 치를 미리 당겨써서 현재에는 문제가 없어 보이지만 1년이라는 시간 중에 언제든지 재등록이나 고객권 신규가 들어오지 않는다면 파산할 수 있는 위험을 가지고 있는 것이다. 옆 센터가 가격을 싸게 한다고 해서 덩달아 싸게 하기 전에 항상 대표의 입장에서는 그러한 가격을 책정했을 때 우리 센터가 장기적으로 받는 영향은 없는지를 항시 체크해야 한다. 그리고 항상 가격을 낮추려 고민하기 전에 그 가격에 맞는 가치를 주기 위해서는 우리 헬스장/PT샵에서는 어떤 것들을 할 수 있을까를 먼저 고민하는 게 결국 장기적으로 안정적으로 운영하기 위한 핵심이 될 것이다.

8. 이제부터 실전이다.
운영에 필요한 모든 것

1) 세일즈

먼저 소개할 능력은 세일즈 능력이다. 결국 사업을 한다는 것은 말 그대로 나의 어떤 서비스나 제품을 판매하고 이윤을 창출하는 것을 말하기 때문이다. 그리고 또한 우리 피트니스 업종의 경우에는 다른 업종과 다르게 재화가 눈으로 보이지 않기 때문에 세일즈 능력이 더더욱 중요하다. 따라서 센터를 운영하는 대표가 세일즈에 대한 어느 정도 기본 지식이 있어야 선생님들에게도 알려주고 실질적으로 롤 플레잉도 해보면서 회사의 성장을 진두지휘할 수 있을 것이다. 그렇다면 세일즈를 잘하기 위한 방법을 알아보자.

먼저 세일즈 하면 트레이너 선생님들이 영업의 느낌이 난다고 해서 거부감이 드는 경우가 굉장히 많다. 트레이너는 고가의 가격을 상대방에게 세일즈 해야 하는 직업으로서 그 대목에서 주저하는 느낌을 준다거나 떳떳하고 자신 있게 하지 못한다면 아마 고객님들의 신규/재등록을 놓치게 되는 경우가 많을 것이다.

그러면 당연히 깨진 독에 물을 붓는 상황이 올 것이고 이는 결국 모든 같이 일하는 팀원에게 피해가 간다.

여기에서 그럼 왜 트레이너 선생님들은 세일즈를 두려워하고 어려워할까? 라는 물음에는 2가지의 유형이 있다고 말한다. 첫 번째는 원래 성향 자체가 남에게 무언가를 권하거나 말을 하지 못하는 성향인 사람. 두 번째는 자신의 지식이 부족하다는 걸 알기 때문에 본인이 가르치는 가치보다 높은 금액을 구매하라고 하는 것에 회의감을 느끼는 사람이다.

첫 번째 사람의 경우 선천적인 성격이 어느 정도 차지하는 부분이 있기에 굉장히 많은 노력과 연습이 필요하다.

결국 내 물건에 대한 자신감부터 갖는 것이 먼저다. 그러고 나서 이러한 팀원은 롤 플레잉을 계속 시켜야 한다.

 대표 앞에서 아마 세일즈를 해보는 연습 자체가 굉장히 큰 압박일 것이다. 다만, 꾸준한 노력과 반복을 통해 대표에게 세일즈하는 게 어느 정도 자연스러워진다면 고객에게는 훨씬 수월하게 세일즈를 진행할 수 있을 것이다.

 또한 이들에게는 성공 경험을 느끼게 하는 게 굉장히 중요한데, OT나 PT상담 등에서 어느 정도 하려는 의지를 보이는 고객이 있다면 배정해줘서 성공을 했을 때 칭찬을 해주도록 하면 더욱 좋을 것이다. 연습만이 살 길이란 점 꼭 명심하자.

 두 번째 사람의 경우는 우리 직업 특성상 자격사항이 필요없기에 발생하는 경우다. 초반에는 돈을 많이 준다고 해서 트레이너로 시작했는데 막상 OT와 PT 상담을 하니까 내가 그 사람을 설득할 수 있는 지식이 없다는 걸 스스로 깨닫는 부분에서 회의감이 동반된다. 이때에는 사실 근본적인 공부가 필요하다. 그렇다고 해서 처음부터 하나씩 다 공부를 해나가는 것이 아니라 현장에서 가장 많이 보이는 케이스나 혹은 꼭 해야 한다고 생각하는 운동 몇 가지에 대해서 먼저 공부를 해가면서 적용하는 연습을 하는 것이다.

 이 두 케이스 말고도 여러 케이스가 있지만 결국은 본질적으로 세일즈는 '근거 있는 자신감'에서 성공률이 기하급수적으로 올라간다. 그렇기에 트레이너로서의 본질인 수업의 질은 유지하기 위한 공부와 스터디를 꾸준히 하고, 성격이나 스킬 면은 차근차근 배워나가면 된다. 아래에 세일즈 스킬 몇 가지만 소개하도록 하겠다.

첫 번째, 좋은 질문을 해야 한다.

 - 인간은 모두 어떤 목적에 의해서 대부분 행동을 하게 된다. 예를 들

어 고객권을 끊으러 헬스장을 왔을 때도 살이 쪘기에 살을 빼러 왔다거나 근육량을 증가시키러 왔다거나 밖에 비가 와서 러닝을 못해서 실내에서 하려고 왔다는 등의 목적이 무조건 있다는 것이다. 그런데 대부분 세일즈를 할 때 고객권도 그렇고 PT도 그렇고 선생님들이 본인이 하고 싶은 이야기만 한다. 고객권 상담의 경우에는 저희는 좋은 기구를 쓰고 있고 인테리어는 어떤 컨셉인지 등을 소개하고 PT의 경우는 "골반이 틀어져서 코어 운동하면서 교정하면서 들어가셔야 해요"라는 식의 말이다. 물론 기본적인 설명을 하는 것에 대해서 뭐라 말할 생각은 없다. 하지만 정말 위의 말한 것들이 그들이 원하는 것인가 그건 다시 한번 생각해볼 문제라는 것이다. 예를 들어 내가 오늘 차돌박이를 먹고 싶어서 고깃집에 갔다. 그런데 갑자기 정육점 사장님이 "오늘 한우 세일해~! 그리고 돼지고기가 오늘 엄청 좋은 게 나왔어"라고 계속 말한다면 과연 그게 나의 구매에 도움이 될까? 차라리 "고객님 오늘은 무슨 음식에 넣을 고기를 사러 오셨어요?"라는 좋은 질문 하나가 판매에 훨씬 좋은 영향을 줄 수 있다는 것이다. 따라서 내가 센터의 장점, 그리고 내 티칭의 장점을 설명하기 전에 고객님의 니즈는 무엇인지에 대해서 먼저 좋은 질문을 던지는 것에서부터 세일즈는 쉽게 풀릴 것이다.

두 번째, 확신에 찬 태도로 임하라.
- 고객권 세일즈와 PT 세일즈 모두 내가 내 시설에 자신이 없고, 내가 내 티칭에 자신이 없다면 당연히 상대방도 그 점을 느낄 것이며 이건 분명히 결제 성공률을 낮추는 요소로 작용할 것이다. 따라서 내 센터의 단점보다 장점에 대해서 평소에 명확하게 인지하고 있고 그 장점들을 베이스로 자신 있는 설명을 진행하라는 뜻이다.

이 말이 단점을 숨기고 그냥 자신 있게 해! 라는 뜻은 아니다. 아무리 잘 갖춰지고 많이 안다고 해도 결국 상대적으로 어떤 시설이나 트레이너든 결국 장단점은 있기 마련이다. 따라서 단점에 집중하기보다는 장점에 집중해서 세일즈에 임하라는 것이다. 우린 결국 몸에 대해서는 그들에게 의사 선생님과 같은 존재이기 때문에 나를 믿으면 확실히 더 좋아질 수 있다는 인상을 주는 것이 굉장히 중요하다.

세 번째, 미리 준비하라.

- PT 상담의 경우 우리는 이 사람이 어떤 목적을 가지고 방문을 하는지 우리가 먼저 물어보지 않는 한 절대 알 수가 없다. 그렇게 아무 준비 없이 상담을 시작했는데 갑자기 내가 모르는 케이스의 목적을 가지고 나타났거나 내가 생각지도 못한 연세의 고객님이 오신다면 우리는 위에 인지했던 확신에 찬 태도로 임하는 게 어려울 것이다.

중간에 말이 꼬인다면 그 상담은 더 최악으로 간다. 그렇기에 가장 먼저 해야 하는 부분은 내가 먼저 준비할 수 있도록 세팅을 해 놓는 것이다. 그렇게 하기 위해 가장 먼저 해야 할 것은 고객 설문지를 만드는 것이다.

고객 설문지는 구글 설문지로 만들어서 링크를 보내줘도 되고 아니면 그냥 카톡으로 양식을 만들어서 보내드리고 수업하기 전에 작성하셔서 보내주시고 참석해달라고 말씀드리면 된다. 여기서 가장 빼놓지 말아야 할 항목은 1) 니즈 2) 이 수업을 통해 얻고자 하는 바 이 두 가지이다. 상담 시간은 길어도 1시간이기에 그 1시간 동안 앞의 두 가지 답에 나온 부분만 잘 해결해줘도 고객은 만족하고 등록할 확률이 높기 때문이다. 더불어 내가 이미 목적을 전해들었으면 상담 시간 전에 명확한 시퀀스를 짜고 들어갈 수 있으니 이것만큼 좋은 게 어디 있겠는가?

네 번째, 거절할 수 없는 질문법 더블 바인딩

- 우리 대부분 50분의 상담에서 잘하다가 "마지막에 등록하시겠어요? 혹은 결제하시겠어요?"라는 말 앞에서 온갖 잡생각이 다 들고 머뭇거렸던 분들이 있을 것이다. 일단 위의 2번째 요소 즉, 확신에 찬 태도로 임했다면 마지막 내가 질문을 어떻게 하느냐에 따라 결제율이 달라진다. 예를 들어 위처럼 "등록하시겠어요?"라고 물어본다면 상대방이 할 수 있는 대답은 Yes 혹은 No 이렇게 두 가지로 나뉜다. 결국 거절의 의미도 상대방이 생각할 수 있다는 것이다. 이럴 때는 이렇게 바꿔보면 상대방으로부터 결제율이 조금 더 올라갈 것이다. 10회를 등록하시겠어요? 20회를 등록하시겠어요? 결제를 유도하는 면에서는 같은 의미를 가지지만 두 번째 질문에서는 거절을 뜻하는 의미의 물음이 없다. 결국 어느 정도로 등록을 할 것인지의 긍정적인 답밖에 없다는 것이다.

다섯 번째, 고객마다 세일즈 타이밍은 달라야 한다.

- 이 예시는 연애에 빗대어 보겠다. 우리가 소개팅에 나갔다. 처음 보는 상대방에게 다짜고짜 사귀자 하면 사귈까? 아니다. 대부분 거부감을 느낄 것이다. 왜냐하면 아직 그에 대해 모르기 때문이다. 이건 헬스장 고객들에게도 똑같이 적용된다. 내가 고객과 접촉이 한 번도 없었는데 갑자기 다가가서 운동 조금 가르쳐 주다가 "PT하실래요?"라고 하면 받겠는가? 오히려 부담을 느낄 것이다. 따라서 아직 나에 대해서 모르는 사람에게 세일즈를 할 때는 초반엔 나에 대한 소개와 내가 티칭을 해줬을 때의 좋은 점을 인지시키는 게 우선이지 세일즈가 우선이 아니라는 것이다. 다만 여기서 상대방의 반응이 알려줬는데 오히려 너무 좋아서 등록하고 싶다는 말씀을 하시면 바로 그 자리에서 결제를 하는 게 좋고, 미지근한 반응을 보인다면 다음에 2번 정도 더 가고 3번째 티칭에서 제안해보는 것

도 좋다. 따라서 꼭 등록할 고객님이 아니더라도 미리미리 인사를 해서 얼굴을 터놓고 가끔 지나가면서 자세를 한 번씩 봐주는 것은 장기적으로 내 고객을 만들기 위한 베이스라고 할 수 있겠다.

2) CS

최근 들어 CS의 역량도 피트니스 필드에서 굉장히 중요해지고 있다. CS라 함은 고객 서비스를 통해 고객 만족도를 높이는 부분 전체를 말한다고 생각하면 편하다. 결국 고객들의 입장에서 헬스장/PT샵을 기구, 인테리어, 사람의 전문성을 보고 선택을 하기도 하지만 더 나아가 직원들의 친절함, 센터가 관리하는 센터의 환경 등을 보고 선택을 하는 경우도 굉장히 많아졌기 때문이다. 이러한 CS를 어떻게 하면 조금 더 차별화할 수 있을지에 대해 고민하는 것도 이제 피트니스 필드에서 중요해졌다. 아래에는 몇 가지 CS의 중요포인트에 대한 부분을 언급하도록 하겠다.

첫 번째, 웃는 얼굴 / 진심으로 반기는 인사

- 혹시 5성급 호텔을 가보면 앞에 직원이 문도 열어주고 로비에 들어가면 반듯한 미소와 함께 인사로 응대받은 경험이 있는가? 아마 그러한 경험이 있다면 위 주제에 대한 공감을 할 것이다. 결국 웃는 얼굴과 진심으로 반기는 인사를 받게 되면 고객의 경우 공간에 대한 이질감이 사라지고 우리의 공간이라는 인식을 하게 돼 센터가 더 편하게 느껴지게 되고 그로 하여금 방문 빈도가 늘어난다. 예전에 센터를 보면 고객들이 들어오든 말든 그냥 앉아서 핸드폰하거나 다른 일을 하는 경우가 굉장히 많았다. 그런데 요새 잘 보면 생각보다 관리가 잘 되고 고객유치가 잘되는

곳을 가보면 하나 같이 공통점이 있는데 바로 고객이 들어왔을 때 직원 전체가 밝게 응대한다는 것이다.

사실 비용도 안 들고 어렵지도 않은 부분이다. 이것만 잘 되어도 센터의 첫인상을 훨씬 좋게 만들 수 있으니 가장 기본부터 잘하자.

두 번째, 청소 구역의 시스템화

- 코로나 시기 이후로 많은 고객들이 청결에 굉장히 민감해졌다. 따라서 다중이용시설로 분류되는 우리 피트니스업은 청결을 항상 더 신경써야 한다. 다만 여기서 그냥 직원들에게 청소해주세요, 라고 하면 과연 그 청소가 잘 이루어질까? 수업을 하고 바쁘다 보면 까먹는 일이 굉장히 많을 것이다. 또한 청소가 안 되어 있는 그 한 부분을 보고 고객들의 입장에서는 센터 자체가 관리가 안 되어 있다, 라는 인식을 가질 수가 있다. 따라서 시간별로 구역을 정해서 그 구역을 체크하도록 하는 체크리스트 혹은 카톡방에 공유하는 형식으로 지속적인 청결에 대한 체크가 이루어질 수 있는 구조를 만들어 놔야 한다. 결국 아래에서 말하겠지만 모든 것은 본인이 직접 확인을 하지 않고서도 어떻게 하면 체크가 될 수 있을지에 대한 시스템화를 잘 생각하면 더 좋은 환경을 고객들에게 제공할 수 있을 것이다.

세 번째, 차별화된 경험을 제공하라

- 피트니스업계도 PT샵, 헬스장이 점점 많아지면서 상향 평준화가 점점 일어나고 있다. 따라서 우리는 지속적으로 어떻게 하면 조금 더 다른 센터와 차별화된 경험을 제공할 수 있을까, 라는 부분에 대해서 지속적으로 고민해야 한다. 예를 들면 PT 상담의 경우 다른 센터는 만약에 예약만 잡아준다면 우리 센터의 경우에는 예약과 더불어 상담설문지를 미리

보내드리는 방향으로 진행을 하는 차별화를 갖는다든지 더 나아가서 PT 상담 회원님이 방문한다면 여름엔 차가운 물 한 잔을 미리 준비해서 응대한다든지, 겨울에는 핫팩을 미리 준비해서 오시면 추우시죠, 라고 말씀드리면서 핫팩을 제공해드린다거나 하는 등의 여러 차별화 전략을 펼칠 수 있을 것이다. 더 나아가서 전문성에서 차별화는 다른 센터가 본격적인 운동에 대한 티칭을 하기 전에 평가를 안 한다면 평가 툴을 공부해서 평가를 하고 진행하는 방향으로 바꾸는 방법 등이 있겠다.

3) 인력 관리(채용)

헬스장/PT샵의 가장 큰 고민이자 가장 큰 숙명이기도 한 인력 관리에 대한 부분을 생각해보자.

먼저 채용시장의 특징은 우리가 일반 기업의 유형에서 보듯이 기업에 들어가는 절차가 복잡할수록 또는 까다로울수록 이직을 할 확률이 낮고 알바처럼 채용 절차가 간단하다면 비교적 이직률이 높다는 것이다.

여기서 우리 피트니스 업계의 사람들이 왜 이직률이 높은지에 대해 설명할 수 있을 것이라 본다. 큰 어려움 없이도 채용이 되는 시장이기 때문이다. 이 부분을 바꾸기에는 수요/공급구조를 우리가 바꿀 수는 없기 때문에 그러면 반대로 채용이 되고 난 다음 이들과 지속하도록 센터는 어떻게 시스템화하는지에 대한 고민을 하는 것이 조금 더 실질적인 방안이라 생각한다. 그럼 어떻게 하면 직원들이 오래 같이 일할 수 있을 것인가를 정의하면 되는 그 부분은 크게 3가지로 나뉜다고 생각한다. 1) 급여 2) 배움 3) 자율성

첫 번째, 급여

- 급여의 경우 결국 직원들은 회사에 다니는 이유가 돈을 벌고 자기의 삶을 영위하기 위함이라고 본다면 우리가 해줘야 할 것은 적어도 업계의 평균보다는 높게 급여구조를 책정해야 한다는 것이다.

여기서 급여를 책정할 때 단순히 그냥 기본급을 올리고 직원들의 노력 없이도 좋은 급여를 보장해주는 것은 회사 또한 리스크가 생기기에 적절한 역할 수행에 따른 보상 인센티브를 조금 더 책정해주는 식으로 세팅을 하는 것이 좋다. 결국 급여는 이들에게 1차원적인 / 단기적인 동기 부여는 될 수 있지만 영원한 동기 부여는 될 수 없다는 생각을 하면서 직원들의 동기부여/지속성을 위한 다양한 측면에서 생각하는 것이 더 중요할 것이다.

두 번째, 배움

- 주변 선생님들 리서치 경우 생각보다 많은 트레이너 선생님들이 센터를 구할 때 신경 쓰는 부분이 교육체계 / 자신의 발전이다. 결국 내가 어떤 회사랑 같이 할 때 그 회사에서 내가 더 성장할 수 있다는 확신을 얻고 싶어 하는 것 같다. 따라서 배움에는 크게 내부교육과 외부교육 두 가지로 나눠서 채용/인력 관리에 힘을 실어야 한다.

내부 교육은 센터 자체 내에서 하는 교육으로 보통 대표나 관리자급에서 교육을 진행하기에 본인이 교육을 할 수 있는 수준이라면 그 센터는 굉장한 경쟁력을 갖출 수 있다고 본다. 다만 여기서 중요한 건 내가 하고 싶은 교육을 하는 것보단 직원들이 원하는 교육의 방향성을 잘 잡고 그러한 콘텐츠를 만들어 낼 수 있는 능력이 있지라고 생각한다. 여기서 내부 교육이 만약에 어렵다고 판단된다면 외부 교육의 힘을 빌려야 하는데 외부교육은 보통 비용이 들어가기에 달에 1번 정도 진행을 하는 경우가 대부분이다. 직원들이 원하는 교육자를 섭외할 수 있는 능력이 있는지도 굉장히 중요한 요소로 작용할 수 있을 것이다. 또한 위의 두 가지를 빼고 배움이라는 단어는 굉장히 포괄적으로도 쓰이기에 사람 대 사람으로서의 배움과 가르침도 그 안에 들어갈 것이다. 따라서 대표나 관리자는 끊임없이 무언가를 배우고 발전하는 방향의 포지션을 취해야 직원들도 그에 따라 같이 일하고 싶은 욕구가 커져갈 것이다. 간혹 가다 '뭔가 화이팅 있게 일하는 것보단 그냥 편하게 일 하는 직원들도 있지 않으냐, 그런 사람들에게 너무 배움에 대해 강조하고 알려주려고 하면 오히려 반감이 생긴다'라는 말을 듣는다. 그러면 필자는 이렇게 말한다. 결국 배움을 갈망하지 않는 사람은 도태되고 지금이야 회사의 사정이 좋으니 나와 같이 일하는 거지, 회사 사정이 변하면 바로 편안함을 찾아 그만둘 사람이라고. 주변 열정 있는 직원들까지 물 흐리기 전에 그런 사람은 빠르게 바꿔주는 것이 좋다.

세 번째, 자율성

- 여기서 말하는 자율성이란 마음대로 하는 것만을 의미하지 않는다. 네이버에 사전적 정의를 검색해보면 자율성이란 '자기 스스로의 원칙에 따라 어떤 일을 하거나 자기 스스로 자신을 통제하여 절제하는 성질이나 특성'이라고 나온다. 즉 스스로의 원칙에 따라 행동하도록 능동성을 강조하기 위한 말이라 생각한다. 센터에서 직원에게 1부터 10까지 시키기만 한다면 직원의 입장에선 어느 순간 자신이 기계의 부품이라는 생각이 들 수밖에 없을 것이다. 이렇게 일하는 것은 통일성이 있다는 점에서는 강점이 있지만 결국 직원 개개인의 능력을 살리는 데에는 제한이 있고 또한 센터가 더 좋은 곳으로 갈 수 있는 소통 창구를 막는 것과도 같은 행위라고 생각한다. 따라서 센터를 운영하는 입장에서는 센터의 브랜

딩과 부합되는 꼭 지켜야 할 부분을 명시해놓고 그 외의 다른 부분에 대해서는 스스로 할 수 있도록 자율성을 부여하는 것에 초점을 둬야 한다. 결국 인간은 본인이 기획하고 본인이 스스로 능동적으로 어떤 일을 할 때 더 큰 보람을 느끼지, 남이 시키는 것만 해서는 지속성을 가지기 힘들다. 따라서 꼭 필요한 부분은 시스템화해놓고 나머지 부분에서는 개개인의 자율성을 존중해주는 문화를 만드는 것, 그것이 직원들에게 오래 일할 수 있는 동기부여가 될 것이다.

4) 마케팅

- 사실 사업을 운영하는 데에 있어서 가장 중요한 부분이다. 또한 이 마케팅은 공부가 꼭 필요한 분야이며 우리 센터의 강점을 찾아서 알리는 것이 마케팅의 기본이다. 따라서 이 마케팅을 외부 업체에 맡기는 것보다는 대표나 관리자들이 직접 진행하는 것이 가장 효율적이라 생각한다. 물론 광고 대행사에 맡겨서 잘 되는 케이스도 있지만 보통 광고 대행사에 맡기게 되면 불법트래픽이나 리뷰 등의 경우 질보단 양으로 승부하는 경우가 많기 때문에 우리 센터의 이미지와는 다르게 홍보가 될 수도 있고 더불어 잘못된 트래픽으로 인해 우리 센터의 네이버플레이스 등이 노출이 아예 안 되는 경우도 생긴다. 따라서 이 마케팅은 기본적으로 꼭 공부해야 된다 생각하자.

또한 마케팅의 경우 온라인/오프라인 두가지로 나뉘는데 어떤 업체는 온라인만 하고 어떤 업체는 오프라인만 하는 경우를 본다. 물론 데이터 상으로 판단이 돼서 그렇게 하는 것이라면 크게 문제는 없겠지만 보통 오프라인과 온라인마케팅은 함께 운영을 해야 그 파급력이 더 커진다.

예를 들어 전단지를 통해 우리 센터의 이름을 알게 되면 그 이름을 결국 온라인(네이버, 인스타 등)에 검색을 해보고 선택을 하는 과정을 거치기 때문이다.

그럼 지금부터 센터 운영에 있어서 꼭 필요한 마케팅들을 한번 알아보자.

첫 번째, 네이버플레이스

- 우리는 보통 고가의 PT 상품을 판매하기 때문에 어떤 한 부분에 고급화전략을 쓰는 것이 아닌 전체적인 측면에서 고급화 전략을 써야 한다. 여기서 말하는 고급화라는 건 정갈한 이미지, 깔끔하게 정리된 내용 등을 의미한다.

회당 5만 원 이상의 비용을 쓰기 때문에 전단지나 온라인마케팅으로 우리 업체를 접하게 된 고객들이 가장 먼저 하는 건 아마 네이버에 우리 업체명을 검색해보는 것이다. 시설에 대한 정보를 얻기 위함이 될 수도 있고 기존 회원님들의 후기를 참고하고자 하는 역할이 있을 것이다. 또한 지역명+헬스장, 지역명+PT라고 검색했을 때 우리 업체가 상위노출 페이지(1페이지)에 뜨려면 모바일에는 5번째 순위 안으로, 웹상에서는 6번째 순위 안으로 검색이 되어야 한다. 이에 필요한 자료들로는 트래픽(사람들이 얼마나 클릭을 하는지), 영수증 리뷰, 저장 수 등이 있다. 결국 온라인에서 사람들이 가장 많이 보는 건 플레이스 탭이므로 1페이지에 올리기 위해서 위의 3가지를 가장 중점적으로 세팅해놔야 한다. 세팅을 하는 방법에는 트래픽의 경우 불법 트래픽을 쓰는 것이 아니라면 오프라인 홍보를 통해 우리 업체를 검색할 수 있도록 하는 것. 기존 회원님 중에 영수증 리뷰를 주기적으로 받는 것, 저장하기를 늘리기 위해 쿠폰이나 이벤트 등으로 클릭률을 높이는 방법 등이 있겠다.

특히 이 마케팅 대행사 등에서 네이버플레이스 1페이지에 노출시켜준 다고 연락이 온 경우, 생각보다 불법 트래픽으로 올려놓는 경우가 많아 오히려 지수가 더 안 좋아지는 경우가 있으니 유의하자.

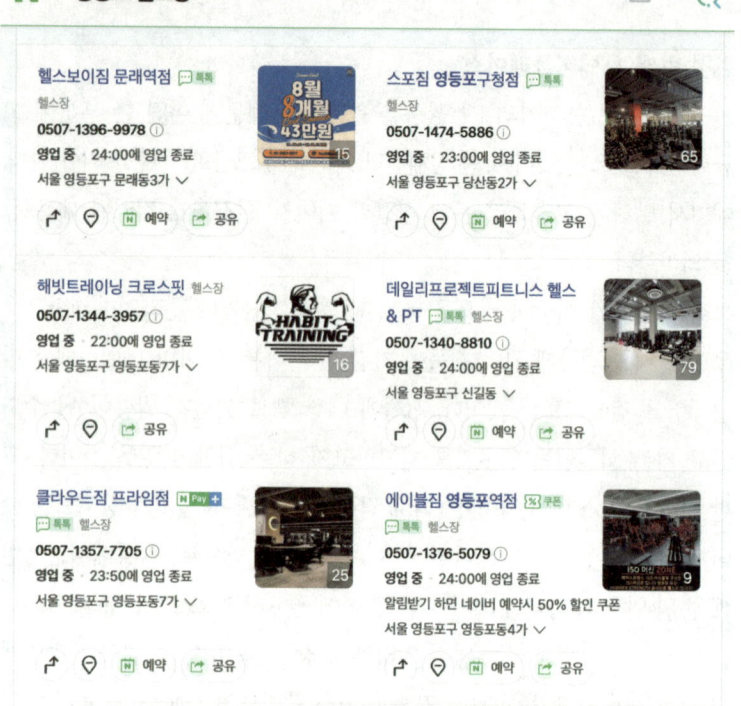

웹상에서 지역명 + 헬스장을 검색하면 보통 6개가 상위노출 된다.

영등포 헬스장

통합   VIEW   이미지   지식iN   인플루언

📞 전화   ↗ 길찾기   N 예약   ↗ 공유

해빗트레이닝 크로스핏 헬스장
영업 중 · 22:00에 영업 종료
21km | 서울 영등포구 영등포동7가 ∨

📞 전화   ↗ 길찾기   ↗ 공유

데일리프로젝트피트니스 헬스 & P
T 💬톡톡 헬스장
영업 중 · 24:00에 영업 종료
22km | 서울 영등포구 신길동 ∨

📞 전화   ↗ 길찾기   N 예약   ↗ 공유

클라우드짐 프라임점 N Pay 💬톡톡
헬스장
영업 중 · 23:50에 영업 종료
21km | 서울 영등포구 영등포동7가 ∨

📞 전화   ↗ 길찾기   N 예약   ↗ 공유   ↑

모바일 상에서 지역명 + 헬스장을 검색하면 보통 5개가 상위노출 된다.

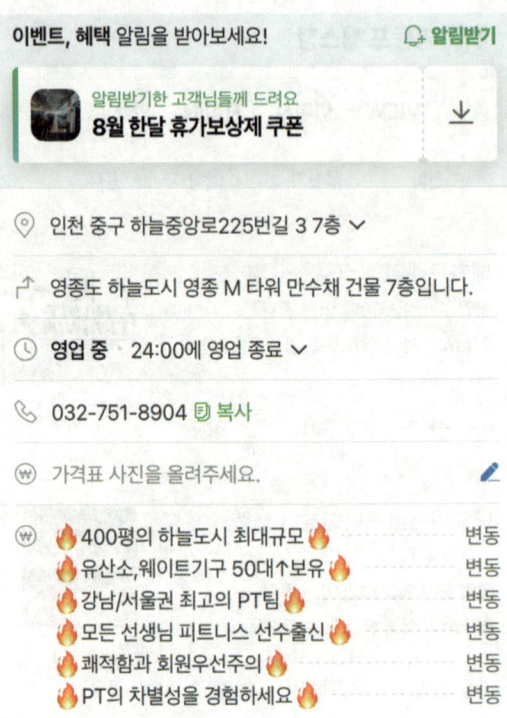

내 업체의 플레이스를 눌렀을 때 이벤트, 혜택에 대한 설정 그리고 어떤 점을 센터에서는 알리고 싶은지 내용이 잘 정리되어 있어야 한다.

민주샘 피티 수업은 진심 최고에요! 👍 저의 약하고 늘어진 근육들을 강화할수있는 운동과 호흡법을 꼼꼼히 세세히 체크하면서 알려주셔서 개인운동할때도 큰도움이 되요. 어디에 자극이 오는지 가는지도 잘모르겠고, 운동은 안되는것 같고, 재미도 없었는데 민주샘이 퍼펙트하게 한방에 해결해주셨어요! 👍 재활과 다욧은..운동이 다를줄 알았는데.. 피티몇년간 받아왔지만 처음 받는것 같아요. 민주샘은 몸에 대한 전문적인 지식과 경험이 가득하신것 같아요!식단 공유도 하면서 피드백도 주시고, 제 생활패턴에 맞게끔 저만의 식단을 직접짜주기도 하셔서 이런 배려를 받아되나 싶을 정도로 , 저보다 제 몸을 더 아껴주고 잘아시는것 같아요 🤎 그리고 수업후 주시는 세션카드와 저만의 월간지를 기록해해서 보내주시는건 진짜 감동이에요! 👍

 운동에 푹 빠지려는 헬린이
7.31.월 · 2번째 방문 · 영수증

더베럴피트니스
안녕하세요 하늘도시 헬스장 더베럴피트니스입니다. 회원님의 소중한 리뷰 너무 감사드립니다. ^^ 민주선생님

 영수증 리뷰 등도 실제 고객의 사례를 받아 작성하고 사진도 함께 나오도록 하는것이 마케팅 효과에 좋다.

두 번째, 블로그

- 요즘 소비자들은 기본적으로 네이버플레이스도 보지만 추가적으로 생생한 후기를 보기 위해서 View탭에 있는 블로그를 많이 참고하는 편이니 PT샵이라면 특히나 더욱 신경 써야 할 것이다.

모두가 블로그를 써야 한다는 건 알지만 어떻게 써야 할지를 모르는 경우가 많은데 아래 사진과 덧붙인 설명들을 통해 이해를 해보자.

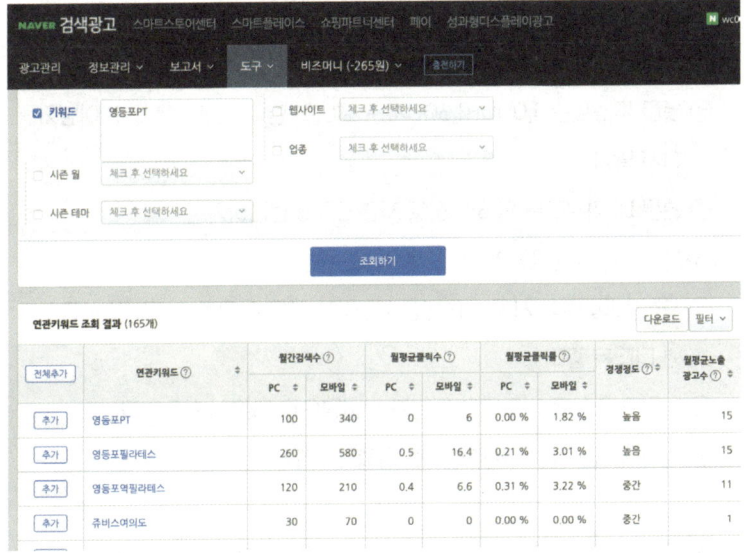

네이버 키워드 도구를 활용해 키워드를 정하자

가장 먼저 본인이 차린 헬스장 혹은 PT샵의 지역명+키워드로 검색 수가 많은 키워드는 무엇인지 알아야 하는데 위의 사진처럼 네이버 키워드 검색을 통해 키워드를 도출한다. 약 3~5개 정도 도출을 해내면 좋다.

그러고 난 후에 이제 그 키워드로 블로그를 써야 하는데 블로그를 쓰는 데에도 좋은 지수의 블로그, 잘 노출되는 블로그를 쓰기 위해 지켜야 할 요소들이 있다. 아래는 그 요소들에 대한 순서이다.

① 네이버 광고→ 키워드 도구→ 키워드 검색 후 키워드 선정
  ex) 지역+PT, 지역+헬스, 지역+헬스장 등)
② 제목에 반드시 키워드가 포함되어야 한다(한 가지 키워드만)
  ex) 영등포 헬스장 OOO짐은 어떻게 수업을 할까?

③ 제목은 후킹포인트를 고려하여 작성하기
  ex) 영등포 사람들이 99% 만족한 PT수업을 제공하는 000짐, 영등포 PT
④ 본문 텍스트는 1,000~1,500자는 되어야 한다- 절대 복사, 붙여넣기 하지 말기
⑤ 본문 내 키워드는 약 5회 정도 자연스럽게 언급하기
  ex) 안녕하세요!:) 영등포 헬스장 000짐입니다.
⑥ 사진 10장 이상 사용 + 동영상 1개 이상 사용 & 움짤 GIF파일 사용하면 더더욱 좋다
⑦ 사진과 영상은 키워드와 동일한 파일명으로 바꿔서 사용하자
⑧ 해시태그는 키워드 1개 + 서브 키워드 2개 정도

글을 작성하면 보통 다음 날에 상단에 올라오면 잘 쓴 글이고 다음날에 안 올라온다면 아직 블로그 지수가 낮아서 그럴 수 있으니 키워드를 조금 더 검색량이 낮은 키워드를 잡는 것부터 시작하면 좋다.

안 잡히는 키워드의 경우에는 블로그체험단을 통해 잡는 것도 좋은 방법이다. 보통 1명당 33,000원에 블로그 발행을 요청할 수 있고, 대표적인 업체로는 레뷰라는 업체가 있다.

세 번째, 인스타그램 & 메타광고

- 인스타그램의 경우 요즘 Z세대가 네이버와 비슷하게 정보를 서칭하는 용도로 쓰는 경우가 많기에 해당 센터의 정보를 잘 적어 놓는 것이 좋다. 따라서 인스타에도 센터의 특색을 알릴 수 있도록 잘 꾸며 놓도록 하자. 이때에는 기본적인 정보보다는 그 센터만이 가지고 있는 강점을 어필하는 방향이나 더 나아가 그 센터의 후기들을 통해 감정적인 요소에서의 공감을 불러일으키는 게 중요하다.

또한 메타광고는 상권의 특성에 따라 생각보다 많은 마케팅 효과를 가져오는 경우가 있는데 젊은 20~30대층의 오피스상권이나 거주상권 등에서 훨씬 잘 나타난다. 메타광고의 경우는 아래에 보이는 인스타그램에서 게시물 홍보하기를 눌러서 광고 집행하는 것이 아니라 실제 메타 홈페이지에서 하는 것이 조금 더 상세한 타기팅과 마케팅 데이터도 볼 수 있기에 홈페이지에서 하는 걸 추천한다.

메타 광고 주소는 아래와 같다.

https://adsmanager.facebook.com/adsmanager

페이스북 로그인과 인스타그램 비즈니스 계정이 되어 있어야 집행할 수 있다는 점도 명심하자.

→ 인스타그램에서 홍보하기(효과 떨어짐)

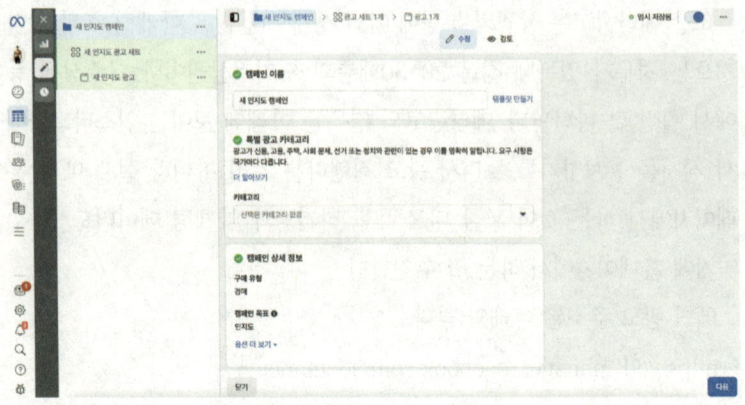

→ 메타 홈페이지 광고하기(디테일한 지표들을 볼 수 있어서 광고의 성과를 명확히 볼 수 있다)

네 번째, 당근마켓 & 카페

- 당근마켓의 경우에는 지역 기반 커뮤니티로 PT와 같은 고가상품에는 생각보다 크게 관여하지 않지만 무료 체험 이벤트라든지 혹은 회원권 할인행사 등에 있어서는 효과가 좋다. 따라서 해당 상권에서 초반 오픈 시에는 알리기에 좋은 용도로 쓸 수 있다.

세팅하는 방법은 아래와 같다.

세팅이 끝났으면 아래와 같은 광고 상세 분석을 할 수 있는데 클릭당 비용은 300원은 넘어가지 않도록 클릭률은 1~3%면 그래도 괜찮게 나오는 것이다. 다만 여기서 채팅 문의나 전화가 오지 않더라도 당근마켓을 보고 센터 이름을 네이버에 검색하거나 직접 오는 워크인의 경우도 있으니 그 부분을 명확히 분별해서 광고를 지속해서 할지 안 할지 정하는 것이 포인트이다.

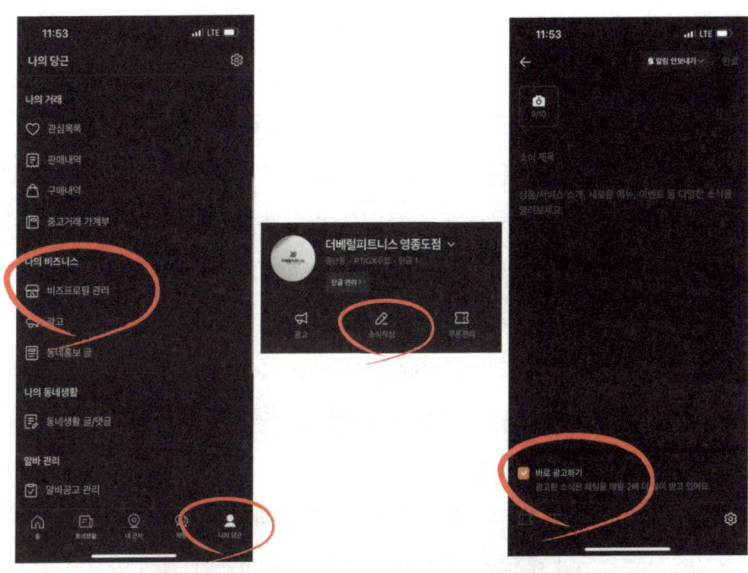

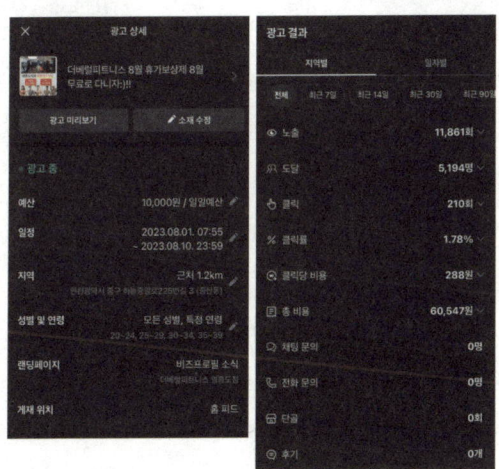

다섯 번째, 오프라인 홍보(전단지, 족자, 현수막)
- 오프라인 홍보의 기본은 전단지부터 시작해서 족자, 현수막등이 있

8. 이제부터 실전이다. 운영에 필요한 모든 것 • 89

는데 전단지의 경우는 합법적으로 진행을 하려 한다면 구청에서 모든 전단지에 도장을 받아야 한다. 현실적으로 어렵기 때문에 그냥 나눠주는 경우가 많은데 알고는 있자. 보통 전단지의 경우에는 구청에 신고를 잘 안 하긴 하는데 족자라든지 현수막의 경우는 크기가 크다 보니 주변센터나 혹은 환경미화 관련해서 동네 주민들이 신고를 하는 경우가 많다.

따라서 초반에는 그냥 진행을 하다가 자꾸 떼지거나 구청에서 경고 안내문이 날라온다면 공무원 퇴근시간대인 6시부터 밤 11~12시 마감 때까지만 붙였다가 떼는 식의 게릴라로 진행하는 것이 좋다. 더 나아가 오전에 출퇴근 인구가 많다면 공무원 출근 전 시간인 9시 전까지만 붙여놓는 게릴라를 진행하는 것도 좋다.

많은 사람들이 디자인에 있어서 고민이 많은데 미리캔버스나 비즈하우스, 망고보드 등의 무료/유료 플랫폼이 있으니 여기의 기존 양식을 가지고 와서 살짝만 본인 센터 걸로 수정해서 발주를 넣는 것도 한 방법이며 더 좋은 방법으로는 크몽에 전단지 디자인 외주를 맡겨서 깔끔하게 만드는 것도 있다. 디자인에 대해서 신경을 안 쓰는 경우가 많은데 생각보다 오프라인의 홍보물의 퀄리티를 보고 센터의 이미지를 연상시키는 경우가 많으니 참고해서 진행하도록 하자.

망고보드 -https://www.mangoboard.net/
미리캔버스 -https://www.miricanvas.com
비즈하우스 -https://www.bizhows.com/
크몽 -https://kmong.com

5) 브랜딩

　브랜딩의 경우는 마케팅을 하다 보면 일관된 포인트로 진행되는 센터만의 특색이 있는데 바로 그것으로 잡는 것이 좋다. 아니면 애초에 기획을 하고 타깃/상권 특성/센터의 강점 등을 파악해 도출해내서 지속적으로 유지하는 것도 좋다. 마케팅은 짧은 순간의 퍼포먼스라고 생각한다면 브랜딩은 그러한 퍼포먼스들이 모여 지속적으로 일관되게 나타나는 색깔이라고 보면 된다. 센터에서 브랜딩을 만들 때는 몇 가지 요소가 있는데 그 요소들에 대해서 알아보도록 하겠다.

첫 번째, 색깔

　- 배민의 경우가 가장 쉬운 예시이다. 민트 색깔하면 바로 떠오르는 게 배달의 민족이듯이 브랜딩 컬러를 정해놓으면 사람들의 기억 속에 남는 센터가 되기 쉽다. 여기서의 색깔은 센터의 간판 혹은 인테리어 메인 컬러 혹은 선생님들의 근무복으로 포인트를 줄 수 있으며 무채색(검은색, 흰색)은 사실상 브랜드 컬러가 되기 어렵기 때문에 유채색으로 브랜드 컬러를 설정하는 것이 중요하다. 다만 여기서 유채색의 경우 잘못 매치하면 굉장히 촌스럽거나 과하게 해석될 수 있기에 색이 주는 이미지가 강하다면 포인트 주는 방향으로 중재를 해주면 더욱 좋을 것이다.

-레드 컬러

-블루 컬러

-그린 컬러

〈브랜드 컬러 예시〉 빨간색 - 강렬함, 열정/ 블루 - 신뢰/ 초록 - 자연

두 번째, 근무복

- 근무복의 경우 중요시 여기지 않는 경우가 있는데 회원님들에게 전문성을 어필해야 하는 우리 업종에는 근무복은 굉장히 중요한 부분이라 할 수 있다. 우리가 5성급 호텔이나 비행기를 탈 때 그들을 신뢰하고 그들이 친절하다는 느낌을 받는 데에는 그들이 하는 언행도 있지만 추가로 그들이 갖춘 복장도 한 몫 한다는 건 다들 느껴봤을 것이다. 따라서 우리도 서비스업이자 전문직으로서 최소한 복장에서 신뢰감을 쌓아나가야 상대방으로 하여금 조금 더 합리적인 소비를 한다는 느낌을 줄 수 있을 것이다. 더 나아가 근무복의 형태도 남자 옷의 경우는 일반적인 반팔 티보다는 깔끔한 카라티가 신뢰 형성에 더 도움이 되니 그 부분 참고해서 현재 본인의 센터에 근무복장이 통일되어있지 않다면 통일시키도록 하자. 필자는 반바지의 경우도 최대한 제한하는데 우리나라의 정서상 반바지는 차려입었다는 느낌보다는 조금 편하게 입고 나왔다는 인상을 줄 수 있기 때문이다.

세 번째, 향

- 사람들에게 장소를 각인시키는 데에 후각적인 요소 즉 향도 굉장히 큰 역할을 한다.

우리가 평상시에 어떤 장소를 지나가다 혹은 어떤 향을 맡게 되면 어? 이 향 어디서 맡아본 적 있는데? 하고 장소와 브랜드를 떠올릴 때를 생각해보라.

향이 가진 힘을 간과해서는 안 된다. 또한 헬스장에서는 사람들의 인식속에 땀 냄새 등의 후각적인 부분을 먼저 떠올리게 되는데 그러한 부분만 긍정적인 방향으로 해소해준다면 더더욱 좋은 방향으로 우리 센터를 기억하게 될 것이다. 또한 보통 피트니스 센터들은 일반 상점 대비 면적이 크기 때문에 모든 면에서 똑같은 농도의 향을 발산하기란 쉽지 않다. 따라서 조금 더 효율적인 부분에서 고객에게 전달하기 위해 출입구 / 남녀 샤워실 / 정수기 / 프리웨이트존 이 정도로만 세팅을 해준다면 아마 해당 공간에서 느꼈던 기분 좋음이 센터의 이미지와 연결되면서 좋은 효과를 가져올 수 있을 것이다.

ex) 향으로 브랜딩을 잘 하는 회사- 교보문고, 러쉬, 이솝 등

네번째, 마케팅 채널에서의 일관성

- 위의 내용들로 온라인/오프라인상의 마케팅을 할 때 동등하게 노출시켜야 한다는 것을 기억해야 한다. 브랜딩은 지속성의 의미가 강하고 문화와도 비슷한 의미를 가진다. 따라서 우리가 하는 전단지, 족자, 현수막 더 나아가 네이버플레이스, 네이버 블로그, 당근마켓, 인스타그램, 메타광고 등등 모든 부분에서 전달하려는 메시지가 동일해야 한다. 우리 센터의 강점이 주변 센터 대비 전문성이라면 전문성에 대한 어필로 마케팅을 지속해야지, 거기에 갑자기 시설이 좋다라는 식의 마케팅을 한다면 이건

고객들의 머리에 우리 센터가 각인될 확률이 굉장히 낮아진다. 따라서 우리가 해야 할 것은 우리 센터가 주변 센터와의 차별화되는 강점을 찾고 그 차별화를 어떻게 전달할지에 대한 고민을 하면 좋을 것이다. 식당을 예로 들어서 모든 음식을 다 파는 음식점보다 하나의 음식 즉 돈까스만 파는 곳이 조금 더 돈까스 맛집으로 각인되고 돈까스를 좋아하는 사람들의 지속적 소비를 불러일으키듯 브랜딩을 하기 위해서는 조금 더 뾰족한 우리 센터만의 강점을 찾고 그 부분을 지속적으로 다양한 방식으로 노출시키는 것이 굉장히 중요하다.

마무리하면서…

- 이 책은 시력이 안 좋은 사람들이 안경을 끼면 조금은 뚜렷하게 보이듯이 예비 창업가들이 그리는 흐릿한 미래를 조금은 더 또렷하게 만들어주려고 썼다. 현재의 필자는 이러한 경험을 다 하고 쓰는 것이기에 이해가 완전히 가지만 아직 창업을 해보지 못한 예비 창업가로서 이 책은 아마 한번 보면 무슨 내용인지 모르는 부분들이 꽤나 있을 것이다. 하지만 여기서 생각해봐야 할 것은 여러분들은 아마 여태까지 모은 전 재산을 들여 창업을 하려고 할 텐데 이 책을 한 번만 보고 이해를 다 해서 창업하려는 생각부터 고쳐먹어야 한다는 것이다. 이해가 안 가면 두 번 읽고 세 번 읽고 네 번 읽어라. 할 것들이 너무 많기에 분명 읽다 보면 자꾸 놓치게 된 부분들이 보이게 될 것이고 그로 인해 몇백만 원이 아니 몇천만 원을 손해 볼 수도 있다. 이 책을 다 읽고 마지막 페이지를 읽는 당신이기에 이렇게 강조를 하는 것이다. 조금만 더 노력하면 그래도 실수를 줄이고 더 멋지게 할 수 있을 텐데 그냥 한 번 읽었다는 자신감으로 창업을 하면 실패를 할까 봐서 걱정돼서 그런다. 그리고 실질적으로 운영을 하면서 매출적인 부분이나 시스템적인 것들이 잘 안 지켜질 때 가장 먼저 해봐야 하는 것은 본인을 점검하는 것이다. 대표는 남을 탓하기 전에 자신을 돌아보는 과정을 먼저 거쳐야 된다고 생각한다. 잘되면 직원들의 공으로, 안 되면 대표 본인의 탓으로. 이만큼 깔끔한 정리도 없을 것이다. 필자는 항상 생각하는 게 있다. 트레이너일 때는 내가 속한 집단의 트레이너 중에서 내가 가장 특출난 것은 무엇인지 생각하고 그걸 강점화하고 나의 약점은 주변 트레이너들만큼은 하게끔 노력하는 것.

마찬가지로 사업을 할 때도 주변 센터와 내 센터를 비교해보라. 그리고 내 센터가 다른 센터들보다 갖는 확실한 장점 1개를 크게 부각시키고 다른 부분에서는 적어도 다른 센터와 비교했을 때 밀리지 않는 컨디션을 유지하려고 온 힘을 쏟아라. 그러면 안 되려고 노력해도 안 될 수가 없다. 다만 여기서 본인의 능력을 고려해야 한다는 부분 즉, 시설업인 헬스장을 가정하자면 옆에서 1,000만 원짜리 기구를 쓴다고 해서 내가 1,000만 원 기구를 쓸 수 없듯이 그럴 땐 최대한의 내가 할 수 있는 최선을 다하고 그 외의 부분(서비스나 전문성 등)에서 그 센터를 훨씬 앞질러갈 수 있는 한 가지는 분명하게 있어야 한다는 뜻이다. 할 수 있는 것과 할 수 없는 것을 명확히 인지하고 그에 맞게 빠르게 경쟁력을 갖추는 것이 대표로서 필요한 부분이다. 할 수 없다는 말은 대표가 된 이상 존재하지 않는다. 하지 않았을 뿐이다. 대표가 되기로 한 순간부터 아마 본인의 편은 없을 것이다. 외롭기도 하고 왜 내가 이런 선택을 했지? 라고 되묻는 경우도 많을 것이다. 그럴 때마다 직원이었을 때 꿈꾸었던 대표의 모습, 성공했을 때의 내 모습을 끊임없이 생각하며 더디더라도 꾸준히 조금씩 앞으로 나아가길 바란다.

문의사항, 비즈니스 협업 등의 문의
@인스타그램 gorush_